구심 기도

구심기도

2003 초판 | 2005 재쇄

옮긴이 · 허성준 | 펴낸이 · 이형우

ⓒ 분도출판사

등록 · 1962년 5월 7일 라15호
718-806 경북 칠곡군 왜관읍 왜관리 134의 1
왜관 본사 · 전화 054-970-2400 · 팩스 054-971-0179
서울 지사 · 전화 02-2266-3605 · 팩스 02-2271-3605
www.bundobook.co.kr

ISBN 89-419-0317-3 03230

값 5,500원

토머스 키팅 | 바실 페닝튼 | 토머스 클라크

구 · 심 · 기 · 도

존재의 중심에서 발견하는 은총

허 성 준 옮김

분도출판사

구 · 심 · 기 · 도

존재의 중심에서 발견하는 은총

십자가의 성 요한은 많은 이들이, 자신이 기도하지 않을 때 기도하고 있다고 생각하고, 자신이 기도할 때 기도하고 있지 않다고 생각한다고 말했다. 기도에 대한 우리 생각이 쉽게 왜곡될 수 있음은 성서에도 나타나 있다(가령 마태오 복음 6장에서 묘사하는 것처럼). 오늘날 기도에 대한 관심이 커지고 있어서 공통적으로 제기되는 질문에 올바른 답을 찾는 것이 중요하다. 기도란 무엇인가? 왜 나는 기도해야만 하는가? 관상은 무엇인가? 그러나 솔직히 이러한 질문들에 답을 내리는 것은 그리 쉽지 않다. 많은 이들은 전반적으로 기도의 주제가 너무 복잡해서 자신들을 위한 것이 아니라고 단정해 버린다. 그들은, 수많은 영성가들이 서로 동의하지 않고, 그들 모두에게도 동의하지 않는다고 말한 존 체프먼John Chapman의 견해에 공감하며 이야기를 끝낸다. 이러한 사람들을 돕기 위해서 우리 시대의 필요와 열망에 친숙한 관상가이자 영적 스승인 두 명의 아빠스와 한 명의 사제가 쓴 글들을 출간하게 되었다.

저자들은 모든 이가 영원한 천상 행복을 누리도록 초대받았기 때문에 누구나 관상에 들어갈 수 있다는 사실을 강조한다. 아빌라의 성녀 데레사와 십자가의 성 요한은 이것을 분명하게 가르친다. 십자가의 성 요한은 신비적인 기도에 대한 글에서, "누구든지 영의 벌거벗음을 통과하도록 결단을 내려야 한다"고 썼다. 토머스 키팅 아빠스는 이 점을 반복해서, "관상이란 참된 영성 생활의 정상적인 발전이므로 모든 그리스도인들에게 열려 있다"고 했다.

이것은 물론, "그리스도인들에게 관상은 그 자체로 전부다"라고 말하는 것은 아니다. 그것은 아리스토텔레스·플라톤적 견지에서 보면 순전히 지적인 훈련이 될 수 있다. 거기서 영혼은 이러한 가치에 대한 가장 높은 이해에 도달하고자 선이나 존재 같은 확실한 가치들에 초점을 맞추게 된다. 혹은 부정적 관상에서 그것은 일종의 훈련이 될 수도 있다. 그 안에서 모든 지식은 불완전하다는 것을 깨달은 영혼은 모든 지식을 비움으로써 그것을 초월하려고 한다.

그리스도교 기도의 최고 방법은 이 두 훈련을 전제하
거나 그 방법론을 통합하더라도 결국 그것들을 무한히
넘어서는 것이다. 십자가의 성 요한은 이것을 영적 결
혼이라고 불렀다. 그리스도를 통한 하느님 사랑 안에서
의 완전한 일치는 다음과 같은 깨달음에 근거한다: 우
리의 불완전한 개념이나 인간적 가치들을 무한히 초월
하시는 하느님은 성서 안에서 자신을 드러내시고, 강생
의 신비와 오직 사랑이 낳은 죽음을 통해 더 밝히 자신
을 드러내셨다. 대면의 만남인 이 일치는, 『아가서』에
나오는 "입맞춤"의 일치이며 삼위일체적 삶 안에서의
나눔이다. 사실 우리는 삼위일체 속에 깊이 잠겨 있다.
십자가의 성 요한은 성부와 성자가 나누는 "숨"인 성령
은 하느님과 영혼이 나누는 "숨"이라고 말하기를 주저
하지 않았다. 이러한 개념을 받아들이기를 두려워하는
사람이 있다면, 그는 먼저 그들이 사랑으로 무르녹아
있음을 이해해야 한다. 신·구약 성서는 사랑하는 자로
서 하느님의 우리에 대한 관계와, 사랑받는 자로서 우
리의 그분께 대한 응답을 묘사하고 있다. 초월적이고
"변함없는" 하느님은 우리의 사랑을 위해 자신을 상처
받도록 내놓으셨다. 바실 페닝튼 아빠스가 말한 것처
럼, "오직 한 가지는 그분이 우리를 창조하기 위함이셨
고, 우리에게 우리의 무한한 중요성과 가치를 일깨워
주고, 우리를 인격적으로 사랑하기 위함이셨다. 그 누

구도 하느님께 우리의 인격적인 사랑을 드릴 수는 없다". 아무도 그가 사랑에 무능하다고 말할 수 없다. 그것은 우리가 그 행위와 대상을 고려하는 것과 상관없이 숨 쉬듯 자연스러운 것이다.

이 소책자는 많은 것을 말하고 있지만, 결코 모든 것을 다 말하지는 않는다. 사실 기도의 주제는 너무 광범위하지만, 이 글들은 전체적으로 기도에 대해 폭넓은 윤곽을 제시하고, 질문에 답하고, 매개 변수들을 제시하고, 도달 가능한 가능성들을 지적하고, 그리고 여러 함정들을 피할 수 있도록 도와줄 것이다.

클라라S.M. Clare

구심 기도[1]

*

바실 페닝튼 OCSO

나는 여러 해 피정 지도를 하면서 많은 성직자·수도자들과 이야기를 나누어 보고, 다는 아니라 할지라도 대부분의 경우, 그들이 신학교나 수련원에서 기도 방법과 능동적 묵상법을 배웠음을 알았다. 그들 대부분은 금욕적이고 신비적인 신학 과정을 이수했고, 거기서 관상 기도의 여러 단계에 대해서도 들었다. 그러나 불행히도, 그들은 단순한 감동만으로 그치거나, 봉쇄 수도원

---

[1] 오래 전부터 성 베네딕도회 왜관 수도원에서는 Centering Prayer를 "구심(求心) 기도"라고 번역하여 사용하고 있다. 즉, 구심(력)은 원심(력)의 반대 개념으로서, 한자어가 표현하고 있듯이 참된 마음의 중심을 찾는다는 의미를 지닌다. 역자는 아직까지 이보다 더 나은 역어를 발견하지 못했기에, 성 베네딕도회 왜관 수도원의 용례를 그대로 따르고자 한다.

에나 있을 법한 매우 드문 케이스라고 배워 왔다. 그것을 추구하는 것은 주제넘은 짓이었다. 사람은 모름지기 능동적 묵상만 충실히 반복하면 될 터인즉, 이 오랜 신심의 세월이 흐른 먼 훗날에야, 하느님은 필경 이 귀하고도 드문 관상 기도의 선물을 내리실지도 모른다는 것이었다. 나는 신학교와 수련원에서 수동적 묵상과 관상 기도로 들어가기 위한 단순한 방법을 배운 사람을 거의 만나지 못했다.

슬픈 일이다. 특히 아빌라의 데레사가 기도에 충실한 사람만이 상대적으로 짧은 기간 ─ 6개월 혹은 1년 후 ─ 침묵 기도에 들어갈 수 있으리라고 가르쳤다는 사실을 접하면 더욱 그렇다. 마르미옹 아빠스는, 수도자는 수련기가 끝날 무렵에야 비로소 관상 기도를 제대로 할 수 있을 거라고 생각했다. 관상 기도를 할 준비가 되었다는 징표 가운데 하나는, 능동적 묵상이 더 이상 통하지 않는 것이라고 십자가의 성 요한은 말했다 ─ 많은 사제와 수도자들이 이를 체험했다. 이러한 경험에 직면하여 어떻게 관상 기도로 이행하는지 보여 주는 사람은 아무도 없었고, 많은 사람들은 제대로 된 기도를 쉽게 포기하고 말았다. 일부 신심 깊은 사람들은 (가끔은 몇 년씩) 결코 상큼하지 않은 고행 묵상을 되풀이하고 있다. 정황이 이럴진대, 그리스도인이 고요하고 내밀한 하느님 체험으로 들어가게끔 도와줄 만한 사제와 수도

자들이 극소수였다는 사실은 놀랄 일이 아니다. 1960
년대와 70년대에는 이런 영적 갈구자들이 자주 동양으
로 눈길을 돌렸다.

동양의 도전

깊은 묵상 중에 하느님을 체험하고 싶은 사람이 스와
미(요가 수행자: 요즘은 서양에도 흔하다)를 찾아가면, 그는 이
목표에 도달할 하나의 단순한 방법을 배우게 될 것이
다: "이렇게 앉아라. 손을 이렇게 모아라. 숨을 이렇게
쉬어라. 단어를 이런 방법으로 말하라. 하루에 두 번,
몇 분 동안 이것을 행하라." 그리하면, 그는 매우 좋은
체험을 하게 마련이다. 어느 정도까지는 이것도 좋은
방법이겠다. 정신과 마음을 다 바쳐 이렇게 수행하는
동안, 그는 실제로 정말 순수한 형태의 기도를 드리는
셈이다. 그러나 이 수행의 약점은, 그의 수행과 그 자
신 속에 하느님이 창조적 사랑을 통해 참으로 현존하신
다는 체험이 그의 신앙과 명확히 통합되지 않는다는 것
이다. 더 슬픈 사실은, 어떤 경우에, 스와미의 묵상 기
법에 큰 도움을 받고 감사하는 그리스도인들이 자신의
그리스도교 전통을 포기하고 스승으로부터 삶의 철학
을 쉽게 받아들인다는 사실이다. 스와미 삿치다난다
Swami Satchidananda나 마하리쉬 메헤쉬 요기Maharishi Mehesh
Yogi와 같은 위대한 스와미들이 그래서는 안 된다고 충

고해도, 대개 그런 충고는 무욕無慾의 스승에 대한 컬트적 숭배로 귀먹은 그들에게 제대로 들리지도 않는다.

동양의 이 위대한 스승들은, 의도하든 의도하지 않든, 여러 점에서 도전이 되고 있는 것이 사실이다. 우리에게 확실한 깨우침으로 다가오는 한 가지 사실은, 모름지기 큰 스승이란 적어도 산 가르침의 영역에서는 자신이 가르치는 바를 사는 사람이어야 한다는 것이다. 가난한 이들에 대한 강한 애착으로 매일 포기의 길을 걸으며 ― "나를 따르려는 사람은 누구든지 자기를 버리고 매일(나의 수련장은 '매주'나 '매달'이 아니라 '매일'을 강조하곤 했다) 제 십자가를 지고 따라야 한다"(루가 9, 23) ― 그리스도의 복음을 가르치려고 애쓰는 것이나 세속적 유물론자처럼 쾌락과 즉각적인 목표를 얻으려고 여전히 바쁘게 사는 것이나 모두 허망한 직무에 스스로를 내맡기는 것일 뿐이다. 배우는 이가 우리의 가르침을 받아들이기를 원한다면, 말로써가 아니라 오히려 삶의 방식과 행동으로 가르쳐야 한다.

도전에 대한 응답

당대의 스와미들이 지닌 호소력은 우리 스스로에게 묻게 만든다. 하느님과의 정적·관상적 합일의 길을 여는 데 우리가 사용할 수 있는 묵상 기법, 단순한 방법들이 우리 그리스도교 전통 속에는 없을까? 답하기 전에 우선, 실제로 도움이 되기만 한다면 우리 그리스도인들은 동양의 현자들이 제공하는 좋은 방법들을 서슴없이 사용해야 한다고 말하고 싶다. 성 바울로도 말했다: "바울로도 아폴로도 베드로도 이 세상도 생명도 죽음도 현재도 미래도 다 여러분의 것입니다. 그리고 여러분은 그리스도의 것이고 그리스도는 하느님의 것입니다"(1고린 3,22-23). 우리는 동양의 옛 지혜의 열매를 받아들이기를 주저하지 말고 오히려 그리스도를 위해 그것을 "손에 넣어야" 한다. 사실, 사목자들은 우리에게 동양의 이러한 방법들을 가급적 많이 알려 줄 수 있도록 필요한 노력을 기울여야 한다. 설혹 그럴 수도 있겠지만, 그것들이 우리가 추구하는 기도에 반드시 유용하다고는 할 수 없을 것이다. 그래도 우리는 동양의 영적 스승들과 지적인 대화를 나눌 준비는 하고 있어야겠다. 더 중요한 것은, 그 방법들을 배워 도움이 된다고 여기는 우리 그리스도 교우들이 그것들을 그리스도교 신앙 체험 안으로 통합할 수 있도록 도와줄 준비가 되어 있어야 한다는 것이다. 기도 생활을 진지하게 받아들이는 많은 그리스도인들이 실제로 요가·선禪·초월명상 그리고 그와 유사한 수행에서 도움을 얻었다. 특히 그들은 거기서 믿을 만한 스승들에게 배워 얻은 체험들에 내적인 형태와 의미를 부여할, 견고히 발전된 그리스도교 신앙을 지니고 있다.

다시 우리의 질문으로 돌아가자. 그리스도교 전통에는 관상 기도로 가는 단순한 방법이나 기법들이 있는가? 그렇다, 분명히 있다. 이 대답을 받아들이지 않는 사람도 더러는 있을 것이다. 사적으로 하느님을 알 특권이 우리에게 있다지만, 하느님과의 친교에 어떤 "기법"을 사용한다는 아이디어는 어쩐지 불쾌하게 느껴진다. 하나의 방법에 의해 관상을 얻고자 하는 것은 펠라기우스주의Pelagianism의 경향을 보인다는 것이다. 설명이 필요한 대목이다.

"기법"의 사용

먼저 "기법", 즉 방법은 분명 통상적 가톨릭 기도 체험에도 그리 낯선 것이 아니다. 묵주 기도도 일종의 "기법"으로, 쉽게 무시할 수 없는 것임에 틀림없다. 이 기도는 하느님과의 깊은 관상적 합일을 바라는 많은 그리스도인들을 이끌어 주었다. 십자가의 길 또한 하나의 "기법"이며, 관상으로 직행하는 이냐시오의 영신수련도 마찬가지다. 예수 기도의 고대 동방 그리스도교적 기법은 적어도 명성에서만큼은 오늘날 서양에도 잘 알려져 있다. 사실, 우리는 그리스도교 기법들을 많이 가지고 있는 셈이다.

우리 안에 현존하시는 하느님과 만나고, 우리의 온 자아를 정점靜點으로 인도하여 그 현존을 향유함으로써 새로워지는 데 도움 되는 기도의 기법이나 수단을 사용하는 것이 분명 그 자체로 펠라기우스주의적 경향은 아니다. 신비 신학자들은 **주입된** 관상과 구별되는 **획득된** 관상, 즉 관상가를 존재의 내면으로 인도하는 관상적 상태나 체험에 대해 서슴없이 이야기한다. 모든 기도는 하느님께 대한 응답이며 그분과의 대화의 출발점이다. 이것을 부정한다면 펠라기우스주의일 터다. 하느님의 은총은 주입된 관상 안에서만 작용하는 것은 아니다. 어린아이가 "아, 졸려, 이제 코~ 잘래"라고 혀 짧은 소리로 발음할 때, 만약 거기에 믿음이나 사랑의 흐름 혹은 다른 진실한 기도가 있다면 은총은 이미 현존하고 작용하는 것이다. 우리가 확연히 깨닫든 말든, 의식적으로 그러한 흐름·소망·매력을 체험하든 말든, 모든 기도는 은총의 흐름에 대한 응답이다. 우리 안에 현존하시면서 우리를 둘러싼 모든 것을 생기게 하신 하느님은 그분의 현존, 그분의 사랑, 그분의 돌봄에 응답하도록 우리를 부르고 계시다. 다르게 생각하면 실재를 놓친다.

기법과 수단을 사용하여 기도하는 것은 우리가 자유롭게 응답하는 하느님의 은총이 그렇게 하도록 우리를 효과적으로 초대하고 계시기 때문이다. 우리가 기법을 배우고 그 가르침에 응답한 것은 그분과의 일치라는 더 깊은 체험에로 우리를 초대하고 안내하며 인도하는 은총이 작용한 결과다. 이 기법을 배우는 데 어떤 용기, 혹은 무모함이 필요한 이유가 바로 여기에 있다. 그것은 실로 그분 안에 들어가 살라는 주님의 초대이기 때문이다. 무한한 사랑의 하느님이 부르시는 이 친절한 초대에 응하지 않는 것은 정말이지 슬픈 일이 아닐 수 없다. 그러나, 이러한 초대에 응한다는 것은 의식과 양심의 변모에 자신을 개방하는 것이다. 그 삶은 결코 예전 같지 않을 것이다.

『무지의 구름』의 기도

그렇다, 우리 그리스도교 전통에는 관상 기도 · 침묵 기도로 들어가는 간단한 방법과 "기법"들이 있다. 편의를 위해 나는 그저 하나의 방법에 대해서만 이야기하려고 한다. 내가 선택한 것은 『무지의 구름』이라는 소책자에 나오는 방법이다. 이것은 우리 시대에도 정말 널리 알려진 책으로, 저자는 14세기 익명의 영국 작가다. 그 책에서 저자가 자신의 이름을 밝히지 않는 것은, 이 책의 가르침이 그리스도교 공동체가 공유하는 유산이기 때문이다.

저자가 글을 쓰던 당시는 영성이 만개했던 바, 그 영성은 서방 그리스도교에 널리 퍼져 있었다. 11세기의 그레고리안 개혁에 이은 수도승 생활의 부흥과 더불어 새로운 물결이 일기 시작했다. 12세기의 시토회 대수도원들에 기거하는 수도승들의 수는 통상 80~100명에 지나지 않았지만 수백 명의 평신도 형제들이 함께 일하고 있었다. 그들은 새 땅을 개간하고 축사를 돌보고 농장일을 맡아 하거나, 시장과 농산물 교역소에서 일하고 있었다. 이들은 도스토예프스키의 소설로 우리에게 익숙한 (동방교회의) 교리교사들과 크게 다르지 않았다. 그들은 농사일들을 하인들과 이웃의 소작농, 농노들과 나누고, 시장에 직물들을 내다 팔기도 했다. 그러면서 동시에 그들의 영적 깨달음과 단순한 기도 방법을 나누는 일도 게을리 하지 않았다. 이 경건한 사람들에 이어 성 프란치스코의 열정적인 제자들과 다른 탁발 수도회들이 나타났다. 그리하여 가난한 무지렁이들까지, 모든 이가 주님과 내밀히 가까워질 수 있었다. 14세기는 서양 그리스도교 영성의 절정기였다.

그러나 불행히도 이 왕성한 영성은 곧 쇠퇴하고 말았다. 종교개혁과 더불어 수도승 중심의 영성 생활은 유럽 대부분 지역에 넘쳐나는 새로운 사조들에 휩쓸려 가 버렸다. 나머지 유럽 지역에서 지나치게 열광적이고 자기방어적인 종교재판을 통해 정적주의와 광명주의 Illuminism를 단죄한 것은, 관상 생활을 겁에 질린 채 몇몇 수녀원과 수도원 구석에 숨어서 할 수밖에 없도록 만들었다. 위대한 그리스도교 정신 운동은 물밑 흐름으로 전락해 버렸다가 제2 성령강림의 거센 바람에 충격을 받아 다시 수면 위로 떠올랐을 뿐이다. 이 바람은 전 지구의 표면을 가로질러 흩날렸다. 교회는 그것을 받아들이지 않았음이 분명하다. 솔직히 그리스도인 공동체인 교회는 거기에 천천히 응답할 여유가 없었다. 진정한 쇄신은 그리스도인 개개인으로부터 시작되어야 한다. 그들은 내재하시는 성령의 부르심과 존재의 중심에 거하시는 하느님의 부르심에 응답하면서, 재생·재활·쇄신을 기다리는 사람들이다.

관상 기도에 들어가는 이 단순한 기도가 "구심 기도"라 불린 것은 적절했다. 이것은 토머스 머튼에게서 영감을 받아 생긴 이름이다. 머튼은, 살아 계신 하느님과 접촉하는 가장 단순한 방법은 자기중심으로 들어가는 것이며, 그곳이 바로 하느님께로 넘어가는 지점임을 강조했다. 약간의 차이야 있겠지만, 이것은 바로 『무지의 구름』의 저자가 인도하는 방법이기도 하다.

그가 가르치는 단순한 방법은 실제로 인류의 보편적 유산에 속한다. 나는 어느 초월명상 스승에게 그 방법에 대해 설명할 기회가 있었다. 그는 "글쎄, 그게 초월명상이라니까"라고 했다. 나는 그의 대답에 동의할 수 없었다. 거기에는 매우 중요한 차이점이 있다. 그것을 진정으로 파악하는 데는 아마 신앙이 필요할 것이다.

내가 그리스에 있을 때 『무지의 구름』의 그리스어 역본을 발견했는데, 그것은 전임 고린토 대주교가 서문을 쓴 것이었다. 그는 서문에서, 이 책이 14세기 영국 **정교회** 소속의 어느 익명의 작가가 쓴 것이라고 밝히고 있다. 그는 이 책이 그리스 정교회의 그리스도교 전통에 따라 씌어졌다고 확신했다.

많은 독자들이 그러하듯이 누군가가 자기식으로 『무지의 구름』을 읽는다면, 그는 텍스트에서 저자가 제공하는 단순한 방법을 이끌어 내지 못할 것이다. 하지만 놀랄 일도 아니다. 우리는 예수 기도에 관한 책을 읽으면서도 같은 경험을 하게 될 것이다. 아토스 산의 영적 교부들이 내게 가르쳐 주었듯이, 어떤 영적 교부도 예수 기도를 책을 통해서만 가르치려 하지는 않았다. 이 말은 방법들이 전통 속에서 개인적으로 전수되었음을 뜻한다. 저작이란 그저 전수자들이 스스로의 체험을 통해 배우도록 도울 뿐이며, 삶의 전반적인 컨텍스트 속에서 구체적인 실천을 하도록 돕는 것일 따름이다. 나는 『무지의 구름』도 마찬가지 경우라고 생각한다. 그냥 단순히 읽기만 한다면 이 책은 아무런 방법도 가르쳐 주지 않을 것이다.

이러한 이유로, 나는 약간의 실질적 조언과 설명을 곁들여 『무지의 구름』이 전하는 기법을 구체적으로 설명하고자 한다. 나는 그 방법을 세 가지 지침으로 요약할 것이나, 우선 자세와 긴장 완화에 대해 몇 마디 하고 넘어가야겠다.

자세와 긴장 완화

우리가 알고 있는 훌륭한 앉음새 중 몇 가지는 동양에서 왔다. 이들은 묵상에 매우 이상적인 앉음새다. 그러나 장기간의 수련 없이는, 그리고 많은 경우 일찍 시작하지 않으면, 근육과 뼈가 이들 자세에 적응하는 데 어려움을 겪게 된다. 내 생각으로는, 대부분의 서양인들이 기도하기에 가장 좋은 자세는 좋은 의자에 편안하게 앉는 것이다. 이때 의자 등받이에 몸을 의지하되 그렇다고 너무 견디기 어렵거나 부자유스럽게 만들지는 말 것이다. 『무지의 구름』의 저자가 말하듯이 "그냥 앉아서 긴장을 풀고 편안히 있으라. …"

가장 중요한 것은 몸의 긴장을 푸는 것이다. 우리 주님이, "고생하며 무거운 짐을 지고 허덕이는 사람은 다 나에게로 오너라. 내가 편히 쉬게 하리라"(마태 11, 28)고 말씀을 하실 때, 그분이 의미하신 것은 — 단지 영靈만이 아닌 — 몸과 정신과 영혼 모두를 구비한 온전한 인간이었다. 육체적으로 긴장한 상태에서 기도를 시작하면 몸이 새로운 활력을 얻기가 어렵다. 의자에 앉아 모든 것을 떠나보내고, 의자에 온전히 몸을 맡기는 것은 기도할 때 일어나는 일의 성사적 표현이다. 구심 기도를 통해 우리는 하느님 안에 정착하며, 우리의 자아를 떠나보내며, 온전히 그분께 우리를 맡김으로써 안식하고 새로운 기운을 얻는다.

　자세와 긴장 완화는 중요하다. 구심 기도 중에는 눈을 감는 것도 나쁘지 않다. 사실, 참선 같은 기법은 눈을 뜨고 있기를 요구하지만, 이는 수고스럽기 일쑤다. 하지만 여기서 제시하는 방법은 쉽다. 그냥 떠나가게 하는 것이다. "그것은 하느님에게서 우러나는 자연스러운 욕구일 뿐이다"(『무지의 구름』 4장). 외적 장애들을 무난히 제거할 수 있을수록 더 낫다.

　꼭 그래야 하는 건 아니지만 되도록이면 조용하고 외진 곳에서 이 기도를 바치는 것이 좋은 이유도 거기에 있다. 더 중요한 것은 묵상 시간 동안 어떠한 방해도 받지 않는 상황 속에 있는 것이다. 나는 이런 방법으로 공항에서 묵상한 적이 있다. 거기가 분명 조용한 장소는 아니다. 그러나 탑승을 기다리는 많은 여행객들 사이에 앉아 있는 동안 그대를 방해할 사람 또한 없을 것이다. 그래도 통상적으로는 조용한 편이 더 도움이 된다. 비록 성서·이콘·성물 등이 놓여 있는 방 한구석일지라도, 그리고 "나간다"는 것이 그저 우리가 앉은 바퀴의자의 방향을 책상에서 성물 있는 구석으로 돌리는 것을 뜻한다 할지라도, 묵상만을 위한 어느 외진 장소를 특별히 가지는 것도 심리적으로 도움이 된다. 몸가짐과 몸움직임은, 일상의 분주한 활동으로부터 기도로 충만한 깊은 휴식 상태와 신적인 원기 회복에로의 이행을 강화시킨다.

구심 기도·침묵 기도·관상에 들어가기 위한 세 가지 지침을 살펴보자.

하나: 기도 전 1~2분 동안 조용한 시간을 가진다. 그런 다음 사랑과 신앙으로 우리 존재 깊은 곳에 거하시는 하느님께 다가간다. 기도 끝 몇 분간 주님의 기도를 바친다.

우선 의자에 앉아 긴장을 풀고, 잠시 침묵한다. 아무것도 하지 않거나 쉬지 않고 일만 할 때, 60초의 시간도 처음에는 긴 시간처럼 느껴질 것이다. 시간을 약간 넉넉히 잡는 것이 모자란 듯 잡는 것보다 차라리 낫다.

이제 우리는 우리 존재의 심저에서 창조적 사랑 안에 살아 계시는 하느님, 즉 성부·성자·성령께 대한 신앙에로 나아간다. 이것이 기도의 완전한 본질이다. "너의 모든 관심과 욕구를 그분께 집중하라. 그리고 이것이 너의 정신과 마음의 유일한 관심이 되도록 하라"(3장). 희망과 사랑 속에서 하느님을 향해 움직이는 신앙 ― 이것이 신학의 모든 것이고 그리스도교적 생활의 전부다. 이 방법의 나머지 것들은 모두, 우리를 존재의 중심에 편히 머물게 하고, 우리 전 존재로 하여금 원천과의 새로운 만남을 공유하게 해 주는 수단에 불과하다.

다른 모든 기도가 그렇듯이 이 기도도 신앙이 근본이
다. 우리가 모든 사랑스런 것들과 바람직한 것들에 대
한 믿음 속에서 희미한 빛이라도 지니지 않는다면, 기
도를 통해 일치와 친교를 맺기를 바라지도 않을 것이
다. 무엇보다 특히 신앙은 "사랑의 훌륭한 과업"이며,
살아 있는 신앙을 통해서만 알 수 있는 하느님에 대한
응답이다.

내적 현존

하느님이 세상을 창조하실 때 그분은 피조물들이 당
신의 우주 속에서 홀로 떠다니도록 한데 엮어 내던지시
지 않으셨다. "참으로 선하신 분은 오직 한 분뿐이시
다"(마태 19,17). 오직 한 분이신 그분은 참되고 아름답
고, 우리 모든 존재의 하느님이시다. 다른 모든 것들은
그분으로 말미암아 존재하며, 지금 그리고 여기서 그분
안에 능동적으로 참여하고, 그분과 존재를 나누고 있
다. 하느님은 매 순간 친밀하게 그대의 창조적 사랑 안
에서 당신 창조물에 자신의 존재를 나누면서 현존하신
다. 만약 우리가 진실로 이 책을 보고자 한다면, 우리
는 단순히 그 책을 바라만 보아서는 안 되고 오히려 존
재 안에 그것을 가져오시고 존재 안에 그것을 유지시키
는 하느님을 보아야 한다. 우리는 신적 현존을 감지해
야 한다.

이것이 다른 모든 피조물들에게 적용되는 사실이라면, 하느님 창조의 가장 위대한 피조물인 인간, 즉 그분 자신의 모상으로 창조된 인간에게는 더욱 분명한 사실이다. 우리가 존재의 중심으로 내려갈 때, 우리는 하느님의 모상뿐만 아니라 당신의 창조적인 사랑 안으로 우리를 이끄시는 하느님 자신을 발견한다. 우리는 우리의 중심으로 들어가 그곳을 통과하여 하느님의 현존으로 들어가게 된다.

그러나 여기 더 멋진 뭔가가 있다. 우리는 그리스도 안에서 세례를 받았다. 우리는 뭐라 설명하긴 어렵지만 대단히 실제적인 방법으로 복되신 삼위일체 제2 위격이자 하느님의 아들인 그리스도 안에 있다. "이제는 내가 사는 것이 아니라 그리스도가 내 안에서 사시는 것입니다"(갈라 2,20). 우리가 우리 존재의 중심으로 내려갈 때 우리는 신앙 속에서 성자 그리스도와의 동일성을 깨닫게 된다. 심지어 지금도, 세대를 영원히 거듭하면서 우리는 그분 안에서, 그분과 함께 성부에게서 나오고 성령 그 완전한 사랑 안에서 성부께 되돌아간다. 정말이지 기도란 얼마나 대단한 것인가! 어떤 개념으로도 적절히 표현할 수 없으리만치 굉장한 것이다. 물론 우리의 신앙은 그렇게 말한다. 그것은 계시가 우리에게 열어 보여 주는 전 실재의 일부고, 우리가 소유할 수 있는 것이다. 우리는 세례로써 신적 본성에 참여하게 되었고, 성령의 선물을 받았다. 우리는 우리 자신 속으로, 우리의 참모습으로 들어가기만 하면 된다.

이것이 바로 우리가 구심 기도를 통해 하는 일이다. 희망과 사랑을 품은 신앙 운동을 통해 우리의 중심으로 들어가 그저 "거기 있음"으로써 우리 자신을 하느님께 내드리는 것이다. 그곳은 우리가 온전하고 완전하게 흠숭하고 응답하고 사랑하며, 성자 안에서 성부께 향하는 움직임에 능동적으로 동의 ― "아멘" ― 하는 곳이다. 성 바울로의 말도 바로 이 뜻과 다르지 않다. "성령께서도 연약한 우리를 도와주십니다. 어떻게 기도해야 할지도 모르는 우리를 대신해서 말로 다 할 수 없을 만큼 깊이 탄식하시며 하느님께 간구해 주십니다"(로마 8, 26).

관상에서 나오기

이 기도를 통해 우리는 자신 속으로 깊이 들어가게 된다. 걷고 잠자고 꿈 꾸는 상태를 초월한 의식의 넷째 단계를 말하는 사람들도 있다. 실험에 의하면, 이 단계에서 묵상자는 잠을 통해 얻는 것보다 더 깊은 휴면 상태를 경험한다. 그대는 갑자기 깊은 잠에서 깨어난 상태를 경험해 보았는가? 거칠게 말하자면, 이건 오히려 찜찜한 경험이다. 우리는 찜찜한 상태로 관상 기도에서 나오기를 원치 않는다. 오히려 우리는 그것이 우리 전 존재에 깊은 평화를 가져오기를 원한다. 우리가 온전한 활동 상태로 나오기 전에, 잠시 시간을 할애하여 묵상적 관상의 깊은 차원에서 침묵의 깨달음에로, 그리고 의식적인 내적 기도에로 이행하기를 권하는 이유가 바로 여기에 있다. 기도하려고 결정한 시간이 무르익으면, 우리는 기도 단어의 사용을 중지하고, 잠시 침묵하면서 하느님 현존을 의식하고, 그리고 잠시 후 속으로 "주님의 기도"를 바치기 시작한다.

나는 "주님의 기도"를 바칠 것을 권한다. 이는 주님 친히 우리에게 가르쳐 주신 완전한 기도다. 우리는 잇따른 구절들을 조용히 정신에 떠오르도록 해야 한다. 우리는 그것을 묵상하고 그 안으로 몰입해 들어간다. 사실, 이 일에 잠시 시간을 들인들 무슨 문제겠는가? 그것은 관상 기도가 우리 삶의 나머지 부분으로 흘러드는 출발점이다. 마음에 드는 다른 기도들을 바쳐도 되고, 마음에서 절로 우러나는 기도를 우리 자신의 말로 바쳐도 된다.

가치 있는 수행

하루에 두 차례 관상 기도를 바칠 것을 적극 권하고 싶다. 아침에 드리는 첫 기도는 하루 일상을 좋은 리듬으로 맞이하게 한다. 이는 8~10시간의 활동에 들어가기 앞서 주님 안에서 가지는 깊은 휴식과 재충전의 시간이다. 두 번째는 저녁의 긴 활동 시간 내내 우리를 지탱해 줄 재충전의 시간이다. 아침 기도에만 의지하여 16시간의 활동을 버티는 것보다 이것이 훨씬 더 효과적일 게 분명하다.

처음에는 20분 정도에서 시작하는 것이 좋다. 더 짧으면 기도에 충분히 몰입할 기회가 주어지기 어렵고, 온전히 재충전될 수도 없다. 기도 시간이 25분, 30분, 35분으로 늘어남을 스스로 느끼는 사람도 있을 것이다. 피정 때, 병상에서, 그리고 여가가 날 때, 관상 기도에 시간을 더 많이 할애하기가 쉽다. 이것은 개인 시간을 연장하는 것보다 더 나을지도 모른다. 관상적 삶을 살아가다 보면 시간이 다소 긴 편이 도움이 된다는 것을 알게 될 것이다.

대부분의 사람들에게는 두 차례의 기도 스케줄을 매일의 일상 속에 짜넣는 일만으로도 진정한 수행이 된다. 일단 우리가 용맹정진하기 시작하면, 모든 것을 버리고 떠나서 그저 주님과 함께 있기를 그만 두기가 쉽지 않게 된다. 그러나 이것은 굉장한 가치를 지닌다.

우리 모두 시편 작가의 다음 말에 이론적으로는 동의한다: "야훼께서 집을 세우지 아니하시면 집 짓는 자들의 수고가 헛되리로다"(시편 127,1). 그러나 실제로 우리는, 우리 자신이 하느님을 위해서 뭔가를 하지 않으면 그분은 아무것도 이루실 수 없을 것처럼 행동하고 있다. 사실, 하느님이 당신 자신을 위해 현장에서 돌 하나도 일으키지 못하실 일을 우리가 하고 있는 것은 아무것도 없다. 이런 깨달음은 우리를 참된 곳으로 나아가게 한다. 인간 노력의 무의미함을 깨닫고 너무 충격받지 않도록, 우리만이 하느님께 드릴 수 있는 한 가지가 있음을 서둘러 덧붙이자. 바로 이것 때문에 그분은 우리를 창조하셨으며, 우리에게 무한한 중요성과 가치를 주는 것도 바로 이것인 바, 그 하나는 바로 우리의 인격적 사랑이다. 하느님께 우리의 인격적인 사랑을 드릴 수 있는 존재는 우리 말고 아무도 없다. 그분이 우리를 창조하신 것은 오로지 이 때문이다. 우리의 엄청난 유의미성이 바로 여기에 있다. 하늘과 땅의 하느님은 그것을 원하시고 필요로 하신다. 왜냐하면 그분은 우리의 인격적인 사랑을 원하시기 때문이다.

그렇다, 우리는 이론적으로는 하느님이 중요한 동인動因者라는 사실에 동의하지만, 이 사실을 쉽게 외면하곤 한다. 우리가 성취한 것들 — 또한 그런 실제적인 깨달음에서 오는 평화와 자유 — 에서 하느님의 전체성에 대한 사실을 진실로 깨닫는 데는, 우리가 하던 일을 진짜로 가끔 멈추고 하느님으로 하여금 그 일을 돌보시게끔 하는 것만큼 우리에게 도움 되는 것은 없다. 그분은 능히 하실 수 있다! 우리가 묵상하는 20분 동안 하느님은 우리 없이도 그분의 나라를 충분히 도모하실 수 있다는 것을 신뢰하자.

그리고 우리가 기도하는 동안 누군가 10분에서 15분 정도 문밖에서 기다려야 한다면, 그들은 아마 기다리는 동안 많은 것을 배우게 될 것이다. 우리가 기도에 대해서 이야기하는 것을 안에서 들을 때보다 분명히 더 많은 것을 그들은 깨달을 것이다. 행위는 말보다 더 큰 감명을 준다. 일상의 바쁜 와중에 가장 중요한 시간을 기도에 바치기 시작할 때, 우리 주변 사람들은 그들이라면 그럴 수 없을 것처럼 여겨지는 것을 우리가 더 좋아한다 할지라도 어김없이 우리를 주목할 것이다.

둘: 충만한 사랑과 신앙으로 그분의 현존 안에 잠시 머문 후, 우리의 응답을 표현하는 단순한 단어를 선택하고 그것을 반복한다.

『무지의 구름』의 저자는 이렇게 말한다. "만약 그대가 바라는 모든 것을 마음에 쉽게 담을 수 있는 간단한 한 마디에 집약시키고 싶거든, 긴 문장이 아니라 짧은 단어를 선택하라. 좋기로는 '하느님' 혹은 '사랑'과 같은 한 어절 단어가 제일이지만, 아무쪼록 그대에게 의미 있는 것을 선택하라. 그런 다음 그것을 그대 마음에 깊이 새겨 어떠한 일이 일어나도 그것이 마음에 머물러 있도록 하라. … 이를 행함에 있어 결코 그대의 정신이나 상상력을 지나치게 사용하지 않도록 조심하라. 왜냐하면 그러한 방법으로는 결코 성공할 수 없기 때문이다. 그러니 그런 능력들일랑 조용히 그대로 내버려 두어라"(4장, 7장).

우리가 여기서 고려할 것은 단순하고 힘들이지 않는 지속성, 혹은 신앙·사랑·현존의 행위 안에 머무는 것 등이다. 이런 것은 대단히 단순하며 노력이 필요 없고 평온하지만, 다소 미묘한 문제이므로 약간의 설명을 요한다.

영적 행위는 시간을 요하지 않는 순간적 행위다. "의지가 욕구 대상을 향해 움직이는 데는 단지 찰나의 시간만이 필요할 따름이다"(4장). 우리가 우리 존재의 중심에 현존하시는 하느님께 대한 사랑에로 나아가는 순간, 우리는 거기 있게 된다. 거기에 흠숭, 사랑 그리고 현존의 완전한 기도가 있다. 우리는 그저 거기 머물기를 원하고, 우리가 완전한 사랑인 성령 안에서 성부께 응답하는 그리스도이기를 원한다.

고요히 머물기 위해, 그리고 되도록 충분히 우리의 전 존재가 고요히 머물며 쉴 수 있도록, 잠시 침묵의 현존을 체험한 후에는 우리의 신앙-사랑 운동을 표현하는 하나의 단순한 단어를 선택한다. 우리는 『무지의 구름』의 저자가 "하느님"이나 "사랑"과 같은 단어를 제안했음을 보았다. 통상적으로 호격 단어가 제일 좋다. 아주 단순히 마음속에서 이 단어를 반복하는 것으로 시작하면 된다. 다소 큰 음성이든, 다소 부드러운 음성이든, 더 빠르게든, 더 천천히든, 우리는 그 되뇌임의 일정한 페이스를 유지해야 한다. 어쩌면 그 단어는 침묵 속으로 날아가 버릴지도 모른다. "그 단어는 구체적인 생각이나 실제로 울리는 소리 없이 온전히 내면적일 때 가장 좋다"(4장).

우리는 그것을 마치 주님 스스로 우리 존재의 중심에 계시어 조용히 자신의 이름을 반복하고, 그분의 현존을 일깨우고, 우리로 하여금 정성스럽게 응답하도록 부드럽게 부르시는 것으로 여길지도 모른다. 우리는 오롯이 수동적이다. 그 일이 저절로 일어나도록 내버려 둔다. "이 짧은 단어가 하느님의 온전한 충만함 속에서, 오직 그분의 온전한 충만함 속에서만 그대에게 하느님을 드러내도록 하라. 그대의 마음과 정신이 하느님 외에 다른 어떤 것에도 방해받지 않도록 하라"(4장).

여기서 신비로운 것은, 애쓰지 않는다는 점이다. 우리는 애써 하는 일들에 매우 익숙해 있다. 우리는 성공하고, 완수하고, 행위하려는 사람들이다. 다 떠나보내고 하느님으로 하여금 이루시도록 하는 것이 정말 어렵다. 만약 **우리가** 행하고, 우리가 큰 노력을 기울여 어떤 것을 이루었다면 그 일이 성취되었을 때 우리는 쉽게 교만해져 자신의 위대한 업적에 스스로 경의를 표해 버리곤 한다. 이 기도에는 교만의 여지가 없다. 우리는 다만 떠나보낼 따름이며 그분이 계시하시는 말씀에 따라 우리에게 이루어지도록 해야 한다. 우리는 이 기도 단어를 속으로 조용히 반복하기를 멈추고 떠오르는 사념과 "분심"들을 물리치기 위해 열정적으로 사용하고픈 유혹을 느낀다. 그 기도 단어는 단순히 외침의 수고로운 반복으로 현존의 상태를 연장한다. 이것은 우리를 셋째 지침으로 인도한다.

셋: 기도 중에 우리가 무엇을 의식할 때마다, 단순하고 고요하게 그 기도 단어로 돌아가야 한다.

나는 "알아차림"이라는 단어를 강조하고자 한다. 불행하게도 우리는 스위치를 슬쩍 건드려서 우리의 사념과 상상들을 꺼 버릴 수는 없다. 사념이나 이미지는 끊임없이 내게 흘러든다. "우리가 인간적으로 나약하여 일상사와 피조물에 대한 기억 때문에 방해받는 자신을 발견하게 될 때, 우리는 바로 사랑 속에서 하느님께 돌아서게 된다"(4장).

이 기도는 우리를 사념과 상상에서 비롯되는 생각이나 이미지를 넘어 더 깊은 데로 내려가게 한다. 그러나 때로 분심은 우리의 관심을 자극할 것이며, 고요한 현존으로부터 멀어지게 할 것이다. 사념이나 이미지에 사로잡혀 있다는 것은 우리가 두려워하거나 갈망하는 것들에 얽매여 있음을 드러내는 것이기 때문이다. 이러한 사념들을 의식하고도 계속 거기 머문다면, 우리는 기도를 떠나 다시 긴장에 사로잡히고 만다. 그러나 우리가 그러한 사념들을 **알아차리는** 순간, 단순하고 고요히 다시 우리의 기도 단어로 되돌아간다면 (그리하여 믿음으로 충만한 사랑 안에서 우리의 현존 행위를 암암리에 쇄신한다면), 사념이나 이미지는 그것을 따라다니는 긴장과 함께 사라질 것이고, 우리 삶으로부터 떠나 버리게 될 것이다. 또한 우리는, 기도가 끝난 후 우리 안에 남아 있을 더 큰 자유와 평화에 이르게 될 것이다.

> 어떤 사념이 그대가 지금 무엇을 하고 있는지를 알아차리라고 요구하면서 그대를 성가시게 한다면, 그때 이 유일한 단어로 응답하라. 만약 그대의 마음이 이 한 마디 단어의 의미와 개념을 지성적으로 분석하기 시작할 때는, 이것의 가치가 단순성 안에 있음을 기억하라. 이렇게 계속 반복하는 동안 그런 생각들이 곧 사라지게 되리라고 나는 확신한다(7장).

우리는 이 기도가 얼마나 순수한지 알 수 있다. 활동적 형태의 기도에서는 사념이나 이미지가 하느님께 도달하는 수단이나 성사로 사용되기도 한다. 그러나 구심기도를 할 때는 우리가 우리 중심에 거하시는 하느님께로 다가감에 따라, 사념이나 이미지를 초월하며 그것들을 떠나보낸다. 이것은 진실로 순수한 신앙 행위다. 아마 이 기도를 통해 우리는 처음으로 순수한 신앙을 실천하게 될지도 모른다. 우리 신앙이 믿음의 이미지나 개념에 의지하곤 하는 경우가 종종 있었다. 여기서 우리는 모든 개념과 이미지를 뒤로 하고 그것들을 초월하여 신앙의 대상이신 하느님 자신에게로 직접 나아가야 한다.

또한 우리는 이 기도가 얼마나 그리스도교적인지를 알 수 있다. 우리는 우리 존재의 중심에서 우리 스스로 그리스도이기 위해, 그리스도로 살기 위해, 진정으로 우리 자신에, 우리의 표피적 자아에, 우리의 사념과 이미지와 감정의 차원에는 무관심해지기 때문이다. 우리는 우리의 모든 사념이나 이미지에는 "무관심해진다". 그것들이 얼마나 아름답고 유용한지는 문제가 아니다. 우리는 사념이나 이미지나 하느님께 대한 환상이 아니라, 하느님과의 직접적인 대면을 원하기 때문에, 우리는 모든 것을 떠나보낼 따름이다. 우리는 그분을 믿음으로 체험하기를 원할 뿐이다. "그대는 물질적이든 영적이든 어떤 피조물에도 관심을 가지지 말라. 그리고 선하든 악하든 그들의 상황이나 행동에도 관심을 두지 말라. 간단히 말해, 이 기도를 하는 동안 그대는 그 모두를 버려야 한다"(5장).

"그 열매들로 인하여 …"

이렇게 사념과 이미지를 초월하면 또 다른 효과를 얻는다. 이 기도는 그 자체로 판단될 수 없다. 그 기도가 사념이나 이미지를 초월해 버리니 판단할 아무것도 없다. 능동적인 묵상의 경우, 기도 끝 부분에서 우리는 어떤 판단을 할 수 있다. "나는 어떤 좋은 생각들을 가졌다. 나는 어떤 좋은 느낌을 받게 되었다. 나는 많은 분심이 들었다" 등등. 그러나 이 모든 것들은 이 기도와는 상관이 없다. 만약 우리에게 수많은 사념들이 일어난다면 — 좋다, 왜냐하면 숱한 긴장들이 풀어지기 때문이다. 만약 우리에게 사념이 적게 일어난다면 — 그 또한 좋다, 왜냐하면 그때는 사념에 대한 욕구가 없기 때문이다. 감정과 이미지, 그리고 이와 유사한 것들도 마찬가지다. 이 모든 것은 순전히 우연적인 것이다. 기도의 본질과는 아무 상관이 없다. 기도는 이런 것들이 있든 없든 그 자체의 온전한 순수함으로 진행되어야 한다. 기도 그 자체를 판단할 기준은 아무것도 남아 있지 않다. 우리가 이 세 지침을 따르기만 한다면, 우리가 무엇을 생각하고 느끼든 간에 기도는 항상 좋은 것이다.

그럼에도 우리에게 기도의 우수성 여부를 확실히 가늠케 하는 한 가지 방법이 있다. 주님께서는, "너희는 그 행위를 보아 그들이 어떤 사람인지 알게 된다"(마태

7,20)고 말씀하셨다. 우리가 이 기도를 규칙적으로 일상의 일부로 삼아 충실히 수행한다면, 우리 삶에서 성령의 열매들 — 사랑·기쁨·평화·인내·친절·선행·온유 — 이 매우 빨리 자라나는 것을 보게 될 것이다. 나는 내 삶에서 이것을 체험했으며, 때로는 매우 놀라운 방식으로 다른 사람들의 삶에서도 그러함을 몇 번이고 체험했다. 여기서 일어나는 일은, 우리가 이 기도를 통해 그리스도 안에서 하느님과 하나 될 뿐 아니라, 그리스도 육신의 나머지와 하나 되며, 하느님의 창조적 사랑과 그 존재의 나눔 안에서 진실로 모든 피조물과 하나 됨을 체험하는 것이다 — 이 길로 인도해 주시는 분은 바로 성령이다. 그리하여 우리는 모든 것에서 하느님의 현존을 체험하고, 우리가 만나는 모든 사람에게서 그리스도의 현존을 체험하기 시작한다. 더구나 우리는 그들과 하나임을 느낀다. 여기서 진정한 연민이 솟는다. 이른바 "같이 느끼는" 감정 같은 것이다. 우리를 남들과 분리하지 않는 이 관상 기도는 우리로 하여금 그들과 하나임을 더욱 의식하며 살게 한다. 사랑·친절·온유·인내가 커진다. 만유에 하느님의 사랑이 스며듦으로써 기쁨과 평화도 성장하게 된다. 관상 기도는 그리스도 안에서 하느님과의 진정한 초월적 관계를 가지도록 도와줄 뿐만 아니라, 그리스도 안에서 모든 사람과의 진정한 관계를 가지도록 도와주기도 한다.

아무쪼록 이 단순한 기도 형태가, 그대뿐 아니라 그대와 그것을 나누는 모든 이들에게, 그분 안에서 더 충만하고, 더 부유하고, 더 깊은 삶, 성령의 열매로 드러나는 삶으로 인도하시는 주님의 은근하고 사랑스러운 초대가 되었으면 한다.

구심 기도의 성장

*

토머스 키팅 OCSO

관상 기도의 구체적인 방법은 『무지의 구름』에 기초한 구심 기도이며, 윌리엄 메닝거William Meninger 신부에 의해 발전되었다. 구심 기도는 이 방법을 배우려는 피정 자들이 여러 지역에서 늘어 가고, 남자 수도 장상 연합회가 지원하는 워크숍들이 잦아지고, 비디오테이프의 보급이 활성화됨에 따라 점점 발전했다. 바실 페닝튼 신부는 *Review for Religious*의 1976년 9월호에 구심 기도를 소개했고, 1977년 3월 더블데이 출판사에서 낸 그의 책 『날마다 우리는 그분을 만난다』*Daily We Touch Him*에서도 이 기도에 관해 설명하고 있다.

어떠한 기도 방법이든지 경청, 기다림 그리고 하느님에의 몰입은 중요한 위치를 점한다. 이 글은 경청의 침묵 중에 일어나는 갖가지 사념들과 관련하여 구심 기도를 설명하며, 그것들을 어떻게 극복해야 하는지 가르쳐 준다. 여러 가지 사념들이 기도의 특성, 활기를 되찾음, 그리고 현존이나 긴장의 부재에 영향을 미치므로, 어떻게 원하지 않는 사념들을 극복할 수 있는가를 아는 것은 매우 중요하다. 여기서는 구심 기도를 행할 때 고려해야 할 몇 가지 점들이 제시된다. 그것을 적용해서 자신에게 알맞는 기도 방법으로 사용하라.

I

구심 기도는 관상에로 인도하는 전통적 교회 기도의 부활이다. 이 기도는 전통적 관상 기도를 현대적 방법으로 제시하려는 시도인 바, 거기에는 나름대로의 명백한 순서와 방법이 있다. 이 기도가 다른 모든 기도를 대체하지는 않지만, 다른 기도들을 새로운 관점에서 바라보게는 해 준다. 그것은 내 안에 있는 하느님의 현존에 관심을 집중하며, 그분의 현존을 발견하기 위해 어디론가 나아가는 것이다. 그러므로 그 자체로 끝이 아니라 하나의 시작일 뿐이며, 단순한 체험을 위해서가 아니라, 우리 삶에서 참된 열매를 얻기 위함이다. 그것은 하느님께 대한 봉헌과 밑바탕에 깔린 영성을 전제한다.

이 기도 중에 무엇이 일어나는지를 말해 주는 비유가 여기 있다.

하루는 아기 물고기가 엄마 물고기에게 물었다. "엄마, 바다가 뭐예요? 어디서 듣긴 많이 들었는데 …."

엄마가 대답했다. "어리석기는! 그건 바로 네 주위에, 그리고 네 안에 있단다. 물가에서 파닥거리다가 거기 잠시 누워 있다 보면 절로 알게 되겠지."

어느 날 아기 곰이 엄마 곰에게 물었다. "엄마, 공기가 뭐예요? 어디서 듣긴 많이 들었는데 …."

엄마 곰이 말했다. "어리석기는! 그건 바로 네 주위에, 그리고 네 안에 있단다. 그저 잠시 물통에 머리를 담가 보아라. 그럼 절로 알게 되겠지."

영성 생활에 어려움을 겪는 초심자가 있었다. 그가 하루는 영적 지도자에게 물었다. "하느님이 대체 누구죠? 어디서 듣긴 많이 들었는데 …."

영적 지도자는, 물론, "어리석기는! 그건 바로 네 주위에, 그리고 네 안에 있단다"라고 말해서는 안 된다. 이러한 실재를 발견하고 체험하기 위해 무엇을 해야 하는지 그에게 구체적으로 말해 줄 수 있어야 한다.

구심 기도는 이를 행하는 하나의 방법이다. 일상적 생각의 흐름을 멈춤으로써 자신의 세상은 변화되기 시작한다. 마치 라디오 주파수를 장파에서 단파로 바꾸는 것과 같다. 아마도 그대는 장파에 익숙해져 있을지도 모른다. 그러나 원거리 방송을 들으려면 주파수를 바꾸어야 한다. 이처럼, 일상적 생각의 패턴을 꺼 버리면 그대는 어떤 새로운 실재 세계로 들어가게 된다.

　이것을 체계적으로 행하려면 먼저 정좌한 후 눈을 감고 자세를 취하라. 이때 세상의 반은 사라지게 된다. 우리가 보는 대부분의 것들은 사실, 생각에 의해서 일어나기 때문이다. 그런 다음, 오직 하나만을 생각하면서 생각의 일상적 흐름을 늦추어라. 그대가 편안하게 느끼는 한두 음절의 거룩한 단어를 선택하라. 『무지의 구름』의 저자가 제시하는 짧은 단어, 가령 “하느님” 혹은 “사랑”이 제일 좋다. “그대에게 의미 있는 하나를 선택하라”(7장). 그것은 하느님 현존의 숨은 신비에 자신을 오롯이 열고자 하는 그대의 지향을 드러내는 표지다. 이 거룩한 단어를 끊임없이 생각하라. “이 단어는 분쟁과 평화 중에 너의 방패가 될 것이다”(7장). 그대가 다른 생각들에 빠져 있음을 알아차리는 즉시, 고요히 이 단어로 되돌아가라. 『무지의 구름』의 저자는 경고한다: “결코 그대의 정신이나 상상을 사용하려 들지 말라. 결코 그런 방법으로는 성공할 수 없으므로”(4장). 더 깊은 실재로 내려감으로써, 항상 거기에 있었으되 그대가 감지하지 못했던 분위기를 감지하기 시작한다. 이 깊은 관점은 새로운 방법으로 자신과 하느님 모두를 아는 기회를 제공한다. 그럼에도, 『무지의 구름』의 저자는 이렇게 말한다: “그대의 감각과 기능들은 스스로의 한계 때문에 그대를 실망시키게 될 것이다. 그리고 그것들은 그대가 아무것도 하지 않는다고 나무랄지도 모른다. 그러나 걱정하지 말라. 오직 하느님을 향한 그대 사랑의 힘으로 이 '아무것도 하지 않음'을 계속하라. … 그대 생각에는, 누가 그것을 '텅 빈 것'이라며 비웃을까? 물론 우리의 피상적 자아가 그리하겠지만, 그것은 분명 참된 자아가 아니다. 참된 자아는 이 '아무것도 하지 않음'을, 오히려 판단의 잣대를 초월한 충만함으로 이해한다. 이 어둠 속에서, 우리는 어떤 것에 특별한 주의를 기울임 없이 모든 물질적·영적인 것에 대한 직관적 이해를 체험하기 때문이다"(68장).

일상적 사념들은 강물 위에 뜬 배와 같다. 배가 강물 위에 빈틈없이 떠 있으면, 강물이 보이지 않는다. 대개 우리는 의식의 내적 스크린 위를 스쳐 지나가는 대상을 하나씩 차례로 인지한다. 생각·기억·느낌·외적 대상들. 잠시 속도를 늦추면 배 사이에 공간이 나타나기 시작하며, 강이라는 실재가 드러나게 된다.

구심 기도는 우리의 관심을 배에서 강에로, 개별에서 보편에로, 유형에서 무형에로 인도하는 하나의 수단이다. 우선, 그대는 스쳐 지나가는 배에 마음을 빼앗긴다. 그리고 강 위에 무엇이 있는지에 관심을 가지기 시작한다. 그대는 그것들 모두를 흘려보내는 훈련을 해야 한다. 만약 그대가 그것들에 흥미를 느낀다고 생각되면, 그대가 선택한 거룩한 단어로 되돌아가라. 그 단어는 그대 안에 현존하는 하느님을 향한 그대 전 존재의 움직임을 표현한다.

이런 분위기에 적합한 자세는 손가락을 위로 하고 손바닥을 포개 놓는 것이다. 그것은 하느님을 향한 우리 육신과 영혼의 움직임을 표현한다. 우리의 모든 기능은 이러한 자세를 통해 하느님께 집중되고 모아진다. 이것이 바로 거룩한 단어가 말하려는 것이다. 거룩한 단어는 하나의 상징이다. 단어 자체는 희미하게 사라질 수 있다. 그것은 의지의 충동일 따름이다. 그러나 자신의 전 존재를 하느님께 드러낸다.

II

정신을 멈추기 시작하면, 갖가지 사념들이 의식의 흐름을 방해할 것이다. 개인마다 적절한 반응이 약간씩 다를 수 있다. 가장 분명한 것은, 상상이 끊임없이 움직이려는 본성 때문에 만들어지는 것이라는 피상적인 생각이다. 사념은 그대가 받아들일 수밖에 없는 날씨처럼 다루어야 한다. 중요한 것은 그것들에 어떤 관심도 기울이지 않는 것이다. 그것들은 두 사람이 대화하고 있을 때 아파트 창문을 통해 들려오는 거리의 소음과 같다. 그들의 관심은 분명히 서로를 향해 있다. 그러나 소음이 들리는 것을 피할 수는 없다. 때로는 아무것도 들리지 않는 시점에 도달할 수도 있지만 다른 때는 경적 소리가 그들을 시시각각으로 방해한다. 이때 엘리베이터를 타고 내려가 거리의 사람들에게 조용히 하라고 말하는 것은 아무 소용이 없다. 그러면 그대는 대화를 멈춰야 하고, 떠났던 그곳에서 다시 이야기를 이어 갈 수 없게 될 것이다. 이때 가장 바람직한 태도는 소음에 신경 쓰지 않는 것이고, 가능한 한 그것에 관심 가지지 않는 것이다. 그리하면 그대는 환경을 용인하면서도 오롯이 대화 상대자에게만 관심을 쏟을 수 있다.

사념의 둘째 유형은, 그대가 길거리에서 벌어지는 어떤 일에 관심을 가질 때 일어난다. 소동이 갑자기 일어나 그대의 호기심을 자극한다. 이것은 어떤 반응을 요구하는 사념의 유형이다. 여기서 거룩한 단어로 되돌아감은 그대의 하느님께 대한 보편적이고 사랑스러운 관심에로 회귀하는 수단이다. 그대가 이 흥미로운 사념에 휩쓸릴 때, 중요한 것은 그대 자신으로 인해 성가시게 되지 않는 것이다. 그것은 엄청난 잘못이 될 수 있다. 그대가 말려드는 성가심이나 호기심이 또 다른 사념을 불러일으키기 때문이다. 그것은 그대를 이 기도의 당면 목적인 내적 침묵으로부터 점점 멀어지게 한다. 내적 침묵은 상대적이게 마련이다.

구심 기도 중 일어나는 일에 대해 깊이 숙고하지 않는 것이 중요하다. 그건 나중에 해도 된다. 기도 중에는 오직 내적 침묵으로 그 시간을 봉헌하라.

III

우리가 깊은 평화와 고요로 침잠하는 동안 셋째 유형의 사념이 고개를 든다. 우리 본성 중의 뭔가가 — 그것은 아마 사탄일지도 모른다 — 입질을 시작한다. 훌륭한 지적·신학적 통찰력이나, 심리학의 획기적 발견 같은 달콤한 미끼들이 정신을 유혹하면, 우리는 "이 기막힌 통찰력을 기억할 수만 있다면" 하는 생각을 한다. 그러나 아름답고 빛나는 생각에 매인다면 그것은 결국 그대를 침묵의 깊은 바다에서 끄집어내고 말 것이다. 사념은 그대를 밖으로 끄집어낸다.

『무지의 구름』의 저자는 말한다: "비록 그것이 거룩하고 가치 있는 것이라 여겨질지라도 그대는 명확하고 미묘한 생각을 전부 추방해야 한다. 망각의 두꺼운 구름과 함께 그것을 묻어라. 이러한 삶에서는 지식이 아니라 사랑만이 우리를 하느님과 만나게 할 수 있기 때문이다"(8장).

이 기도는 매우 미묘하고 내밀한 일련의 자기부정을 필요로 한다. 그것은 휴식이나 재충전 — 일종의 영적 칵테일 타임 — 이상의 것이다. 그것은 우리가 접촉하는 것들 대부분, 우리의 생각이나 느낌 — 바로 우리 자신 — 에 대한 부정을 의미한다. 『무지의 구름』의 저자가 말하듯, 관상은 생각과 말을 넘어 그대를 침묵에로 인도하고, 기도를 단순하고 짧게 만든다. 그대에게 세속의 모든 거짓된 것을 거부하고 버리도록 가르친다. 나아가, 복음의 요구에 따라 그대 자신을 거부하고 버리라고도 가르친다: "나를 따르고자 하는 사람은 자기를 버리고, 자기 십자가를 지고 나를 따라야 한다"(*The Book of Privy Counseling*, 11장).

이러한 금욕주의는 우리의 피상적인 자기중심적 자아에 대한 집착의 근저에까지 파고 내려가 그것을 떠나보내도록 가르친다. 그것은 가장 철저한 자기부정이지만, 큰 기쁨이기도 하다. 자기부정은 굳이 괴로워야만 효력이 있는 것은 아니다.

이것은 자신이나 타인을 위한 기도에 대해 생각하는 시간이 아니다. 그건 다른 시간에도 할 수 있다. 『무지의 구름』의 저자는 말한다: "오로지 하느님만 바라는 사랑스런 맹목은 그 자체로 더 가치 있고, 하느님과 성인들을 더 기쁘게 하고, 자신의 성장에 더 유익하다. 그리고 그대 친구들 ― 살았거나 죽었거나 간에 ― 에게는 그 어떤 일보다 큰 도움이 된다"(9장).

기도 중 사념을 다루는 기본 원리는 이렇다: 어떤 생각·느낌·체험이 그대의 관심을 끌든지 간에, 늘 거룩한 단어로 되돌아가라. 내적이든 외적이든 그대의 주의를 끄는 생각이 있을 수 있다. 심지어 그대가 하느님에 대한 어마어마한 체험을 한다고 해도, 이 기도는 그것에 관해 생각하는 시간이 아니다.

IV

더 고요히 침잠하다 보면, 그대는 시간 밖의 한 장소에 이르게 된다. 시간은 운동의 척도다. 그대는 연속적 사념들을 거의 지니지 않은 채, 기도 시간이 눈 깜짝할 새 지나가는 체험을 한다. "분명히 30분도 채 지나지 않은 것 같아."

갖가지 사념에서 내적 자유와 깊은 평화로 침잠할 때, 그때 무엇이 일어나는지 알고 싶은 욕구가 크게 일지도 모른다. "드디어 어떤 지점에 이르고 있다"거나, "이 평화로운 기분이 너무 좋다"거나, 혹은, "내가 어떻게 예까지 왔는지 기억해 두었더라면, 원할 때마다 돌아갈 수 있을 텐데!"라는 생각이 들지도 모른다. 이것은 사념의 넷째 유형의 아주 좋은 예다. 『무지의 구름』의 저자는 충고한다: "모든 명석한 생각들을 단호히 거부하라. 아무리 경건하고 좋은 생각일지라도"(9장).

깊은 고요 속에서, 그대에게 무엇이 일어나는지에 대한 성찰과 신앙으로 그것을 떠나보내는 것 중 하나를 선택하라. 만약 떠나보내면 그대는 더 깊은 침묵 속으로 들어가게 된다. 만약 그대가 성찰한다면 그대는 깊은 고요에서 빠져나와 처음부터 다시 시작해야 할 것이다. 수없이 다시 시작해야 할 것이다.

하느님의 현존은 우리가 숨 쉬는 대기와 같다. 그대가 그것을 소유하려 들지 않고 붙잡고 늘어지지 않는

한, 그대는 원하는 모두를 가지게 될 것이다. 하느님의 현존보다 더 좋은 것은 없다. 우리는 그 한 조각을 잘라 내어 안전하게 옷장 속에 숨기고 싶어 한다. 그러나 그것은 공기를 한 손 가득 잡으려는 것과 같다. 그대 손이 그것에 가까워지자마자 곧 사라지고 만다. 하느님의 현존은 탐욕에 응답하지 않는다. 그것은 어떤 다른 역동성을 지닌다. 우리가 그것을 소유하지 않고 자유롭게 받아들인다는 것을 전제할 때만 전폭적인 효과를 자아낸다.

이 기도는 사랑이자 순수한 선물인 하느님의 성령과의 통교다. 우리 안의 소유 본능은 필사적으로 좋은 것에 집착한다. 평안은 너무 좋은 것이라, 집착하려는 성향도 아주 좋은 것이라는 깊은 안정감을 불러일으킨다. 그러나 그것을 떠나보내라. 묻지도 말고 기대도 없이, 구심 기도의 각 단계를 오는 대로 받아들여라. 이렇게 할 때 그 열매들은 더 빠르게 자랄 것이다. 『무지의 구름』이 설명하듯이, "오직 그분만을 향한 꾸밈없는 지향이야말로 이 작업의 핵심이 아닐 수 없다. 나는 그것을 '순수 지향'이라고 부르는데, 그것은 다른 것에 대해 온전히 무관심하게 하기 때문이다. 이러한 작업에 임해서, 완전한 숙련공은 사사로운 이득을 구하거나 고통으로부터 면제되기를 원하지 않는다. 그는 오직 하느님만을 원한다"(24장).

우리는 항상 소유하고 싶어 한다. 떠나보내기가 그토록 어려운 이유가 바로 여기 있으며, 또한 우리가 거기 도달하고 회귀하는 노정을 기억하기 위해 깊은 평화와 일치의 순간을 성찰하고 싶어 하는 이유도 여기에 있다. 그러나 사랑은 소유될 수 없다. 사랑은 다가오기 무섭게 하느님께 전부를 돌려드린다. 스스로를 위해서는 아무것도 남겨 놓지 않는다.

성찰하려는 성향은 깊이 기도하는 중에 처리해야 할 가장 힘든 일 가운데 하나다. 우리는 순수한 기쁨, 순수한 경험, 순수한 깨달음의 순간을 음미하고 싶어 한다. 그러나 성찰의 유혹을 물리칠 수 있도록 자신을 갈고닦을 때, 그대는 자유의 새로운 차원, 더욱 정제된 기쁨으로 나아갈 것이다.

생각 속에서 표현하기 전까지는, 아무것도 체험하지 않은 것으로 여기는 버릇이 우리에게 있다. 아이처럼 눈앞에 벌어지는 일들을 즐기다가 지나간 후에는 잊어버리기란 쉬운 일이 아니다. 실재의 즉시성을 음미하기란 어렵다. 성찰은 체험 한발짝 뒤에 있다. 그것은 실재의 사진이다. 그대가 성찰하기 무섭게 체험은 끝난다. 기쁨에 대한 성찰은 기쁨을 소유하려는 시도인 바, 성찰하면 기쁨은 곧 사라진다.

이 기도 방법은 자아포기 훈련이다. 그것은 우리 자신의 경험과 오류를 통해 소유욕에 물들지 말고 다 떠

나보내라고 가르친다. 기도할 때 무슨 일이 일어나는지
를 성찰하는 고질병을 극복할 수 있을 때 — 평화에 대
해 생각하는 대신 스스로 평화로워질 때 — 그때 그대
는 비로소 제대로 기도하는 법을 배우게 될 것이다.

V

구심 기도 중에 일어나는 사념의 다섯째 유형이 있다.
생각을 초월하는 묵상이나 기도는 그 형태가 어떻든지
내적 정화의 역동성을 불러일으킨다. 이 역동성은 일종
의 신적 정신 치료다. 그 체험은 우리의 동기 유발 의
식과 악한 성향들을 완화시키며, 때로는 인간 사고의
틀 속에 깊이 뿌리내린 긴장이 풀어 준다. 대개는 자기
가 어디서 왜 왔는지도 모른 채 편안히 있을 때, 이 과
정의 결과로 마음속에 사념이 생긴다. 그것들은 모종의
힘과 감정으로 무장하고 나타날 수도 있다. 거듭 말하
지만, 그것들을 다루는 최상의 방법은 거룩한 단어로
돌아가는 것이다.

　사념이 어차피 피할 수도 없는 것일뿐더러 신적 은총
에서 비롯된 치유와 성장의 일부로 필요한 과정이기도
함을 깨닫고 나면, 그대는 그것들을 긍정적으로 바라보
게 될 것이다. 이제 그대는 사념을 분심이라는 부정적
감정으로 보는 대신, **침묵과 사념** 둘 다를 포괄하는
너른 시각으로 본다 — 그대는 이 사념들을 원하지도

받아들이지도 않지만, 내적 정화를 위해서 그것은 깊은 평정의 순간과 같은 가치를 지닌다.

마지막으로 여섯째 유형의 사념이 있다. 이것은 받아들여지긴 하나 무시되지는 않는다. 신적 사랑의 겨자씨는 깊은 내적 침묵의 모판에 있을 때 성령에 의해 뿌려지고 자라기 시작한다. 그것은 『무지의 구름』의 저자가 "사랑의 맹목적 활동"이라고 부른 것과 같다. 이 깨달음이 구심 기도의 목적이며 신적 일치의 시작이다. 『무지의 구름』의 저자는 말한다: "왜냐하면 지상에서 시작하는 완전한 사랑은 영원한 생명인 사랑과 같은 것이기 때문이다; 그 둘은 하나다"(20장).

다른 곳에서 말하기를: "**활동**이 육체적 움직임과 무관하듯 **휴식**도 정적인 자세와 무관하다. 우리의 일이 신뢰에 넘치고 성숙할 때는 움직임이나 정지와 무관하게 온전히 영적이기 때문이다. 게다가, 활동은 실제로 어떤 움직임보다 갑작스런 변화로 더 잘 표현될 수 있다. 이 영적 작업에서는 어떤 경우에도 시간·장소·사건에 관한 모든 것을 잊어야 한다"(59장).

VI

구심 기도 중에는 평화롭게 서서히 일어나는 모든 것들에 대해 어떤 판단도 하지 말고 그것들을 받아들이며 그러한 사념들이 떠나가도록 하라. 그대가 그것들을 떠나보내는 한, 그것들이 어디서 왔는지는 문제 되지 않는다. 걱정하거나 초조해하지 말라. 얼마나 많은 사념들이 일어나는가에 따라 기도를 판단하지 말라. 단순하게 기본적인 가르침을 따르라. 긍정적이든 부정적이든 사념에 마음을 빼앗기거든, 다시 거룩한 단어로 되돌아가라. 그리고 그렇게 계속하라. 이것이 "보고 기도하라"는 복음의 계명을 충실히 이행하는 것이다. 그것은 "n번째" 단계를 향한 기다림의 게임이다. 『무지의 구름』의 저자는 이렇게 덧붙인다: "이 수련을 할 때 스스로를 강요하는 어리석음을 범치 말라. 맹목적 강압보다는 기쁨에 충만한 열정에 더 의지하라. 더 기쁘게 할수록 그대의 관상 수련은 더 겸손해지고 영적인 것이 되기 때문이다. 반면에 자신을 병적으로 혹사한다면 그 열매들은 거칠고 이상하게 될 것이다"(46장).

구심 기도를 통해 그대의 정신은 깊은 침묵 안팎을 넘나들게 될 것이다 — 고요한 날 하늘을 떠다니는 풍선처럼. 가라앉아 땅에 닿을 듯할 때는 그저 어디선가 불어 오는 미풍에 풍선을 다시 띄우라. 그렇게 그것은 우리의 의식과 함께한다. 어느 단계에서든 그대는 거룩한 단어를 포착해야 한다. 의지의 단순한 자극만으로도 충분하다. 그런 후에는 바로 침묵으로 돌아갈 수 있다. 화를 내면 — "오, 내 마음이 고요해지기를!" — 그대는 더 멀리 내던져지게 된다.

이 기도의 특별한 체험들에 관해서는 판단을 유보해야 한다. 그것을 판단할 수 있는 유일한 길은 지속적인 기도의 열매를 통해서다 — 그대는 일상에서 하느님의 현존에 대한 더 큰 깨달음, 더 큰 평화·겸손·사랑을 즐기는가. 깊은 침묵에 이르면, 사회적 지위·인종·국적·개인적 성향과 같은 표피적인 것들을 넘어 가장 깊은 차원에서 타인과 관계 맺을 줄 아는 그대의 능력을 더 분명히 깨닫게 된다. 이에 대해『무지의 구름』의 저자는 이렇게 말한다: "사랑의 작업은 죄의 근본을 치유할 뿐 아니라 실천적 선을 북돋운다. 그것이 신뢰할 만한 것일 때, 그대는 모든 필요에 민감해질 것이며 이기적인 의도에 물들지 않은 관대함으로 응답하게 될 것이다"(12장).

이런 방법으로 하느님을 안다는 것은 모든 실재에 대한 새로운 차원을 이해한다는 것이다. 이 기도의 충만한 열매는 일상의 평범함으로 되돌아가는 것이며 하느님에 관한 생각이 아니라 개념을 초월해 있는 그분의 현존에 대한 부단한 깨달음이다. 무한하고, 이해할 수 없고, 형언할 수 없는 **그분**은 신앙의 하느님이다. 이 기도를 통해 우리는 "주님, 당신은 누구십니까?"라고 묻고 그분의 응답을 기다린다.

그리스도교 전통 속에서의 관상 기도

토머스 키팅 OCSO

그리스도교 전통 속에서 15세기 초엽까지는 관상에 대한 긍정적인 태도가 교회 가르침을 특징지었지만, 16세기부터 긴장이 고조됨에 따라 부정적인 태도가 서서히 유포되기 시작했다. 관상 기도에 대한 역사적 개괄은 이러한 태도 변화의 양상뿐 아니라 교회가 종교적 체험과 관련하여 자신을 발견해 가는 상황을 이해하는 데 도움을 줄 것이다.

I

관상이란 개념은 모호하다. 수세기를 거치면서 다양한 의미와 함의들을 획득해 왔기 때문이다. 하느님께 대한 경험적 지식을 강조하기 위해 그리스어 성서는 히브리어 **다아드**da'ath를 **그노시스**gnosis로 번역·사용했다. 그러나 다아드의 의미는 훨씬 더 강하다. 그것은 단순히 정신만이 아니라 인간 전체를 포괄하는 깊은 지식으로, 이미 알고 있는 것에 대한 소유를 함의한다(시편 139,1-6 참조).

성 바울로는 서간에서 하느님에 대한 지식을 하느님을 사랑하는 이들에게 맞도록 표현하기 위해 그노시스라는 용어를 사용했다. 그는 제자들에게 이 내밀한 지식을 끊임없이 요구했으며, 마치 그것이 그리스도교적 삶의 완전한 발전을 위해 없어서는 안 될 요소이기나 한 듯 간원懇願했다.

그리스 교부들, 특히 알렉산드리아의 클레멘스, 오리게네스 그리고 니사의 그레고리우스 등은 신플라톤주의자들로부터 **테오리아**theoria라는 용어를 빌려 왔다. 이것은 원래 그리스 철학자들이 현자의 최고 행위로 여겼던 진리에 대한 지적 비전을 의미했다. 교부들은 이 전문 용어에 사랑을 통해서 오는 일종의 경험적 지식인 히브리어 다아드의 의미를 보탰다. 테오리아가 라틴어 **콘템플라시오**contemplatio로 번역되고, 그리스도교 전통 속에서 우리에게 전해진 것은 이렇게 확대된 의미에서였다.

이 전통은 6세기 말 그레고리오 대종에 의해 잘 정리되었다. 그는 관상을 사랑 충만한 하느님에 대한 지식으로 묘사했다. 그에게 관상은 성서 속의 하느님 말씀에 대한 성찰의 열매이자 하느님의 선물이었다. 그것은 하느님 안에서 **안식**하는 것이었다. 이런 안식과 평안을 통해, 정신과 마음은 이제 능동적으로 하느님을 찾지 않고, 그들이 찾고 있던 것을 체험하고 맛보기 시작한다. 이는 그들을 평정과 심원한 내적 평화의 상태에 들게 한다. 이 상태는 모든 행위를 멈추는 것이 아니라, 하느님 현존에 대한 사랑 충만한 체험으로 하느님께 집중하기 위해 몇몇 단순한 행위들을 한데 아우르는 것이다.

하느님에 대한 지식으로서의 관상의 이러한 의미는 중세 말까지 있었던 그분 현존에 대한 친밀하고 사랑스러운 체험에 기초한다. 금욕적인 규율들은 언제나 모든 영적 실천의 목적으로서의 관상을 향하여 방향 지어져 있었다.

수도승과 평신도들 모두에게 장려된 기도 방법은 **거룩한 독서**lectio divina, 말 그대로 **신적 독서**divine reading라 부르는 것이었다. 이러한 수행은 성서 독서, 정확히 말해 성서 말씀을 듣는 것을 포함했다. 수도승들은 입으로 성서 본문을 반복하라고 배웠으며, 그럼으로써 그들은 발전해 갔다. 거룩한 독서를 통해 그들은 내적 집중의 깊은 차원에서 들을 수 있는 능력을 키웠다. 기도는 그들이 하느님께 응답하는 것이었다. 그들은 성서를 통해 하느님께 귀 기울였고 전례를 통해 그분께 찬미를 드렸다.

거룩한 본문 말씀을 곰곰이 성찰하는 부분을 **묵상**me-ditatio이라 한다. 이 성찰에 대해 응답할 때 의지가 자발적으로 움직이는 것을 **기도**oratio라 한다. 이 성찰과 의지 행위가 단순화되면 우리는 하느님 안에서 **관상**con-templatio이라는 안식에 든다.

추론적 묵상·정감적 기도·관상 ― 이 세 행위 모두가 기도 안에서 동시에 일어날 수도 있다. 그것들은 서로 뒤섞인다. 천사가 야곱의 사다리를 오르내리듯, 사람의 집중력은 의식의 단계들을 오르내리게 된다. 입으로, 생각으로, 의지 행위로, 침묵으로 그리고 관상에 몰두함으로, 우리는 그때그때 주님을 찬미한다. 관상은 하느님 말씀에 귀 기울임이 자연스레 발전된 것으로 여겨졌다. 16세기까지는 하느님께 대한 인간의 접근 방법이 추론적 묵상·정감적 기도·신비적 관상으로 구분되지 않았다. 그 시대 이전에는 **정신 기도**mental prayer라는 용어가 그리스도교 전통 속에 판명한 범주로 존재하지 않았다.

II

12세기경 종교 사상은 괄목할 만한 발전을 이룩했다. 신학에서 뛰어난 학파들이 창설되었다. 그것은 개념,

유類와 종種의 구분, 정의와 분류에 관련된 정밀한 분석의 탄생을 예고했다. 분석력의 증진은 인간 정신의 중요한 발전이었다. 불행히도 분석을 향한 이러한 신학의 열정은 훗날 삶과 기도의 실천으로도 전환되어, 관상으로 인도하는 관문, **거룩한 독서**에 근거한 단순하고 자발적인 중세식 기도의 종언을 초래했다. 그러는 동안 클레르보의 성 베르나르도, 후고, 성 빅토르의 리처드 그리고 성 티어리의 윌리엄 같은 12세기 영적 스승들은 기도와 관상에 대한 신학적 이해를 더욱 발전시키고 있었다. 13세기에는 프란치스코회원들의 가르침에 따르는 묵상 방법들이 소개되었다.

14~15세기에는 그리스도교계에 큰 영향력을 끼친 여러 사건들이 일어났다. 흑사병과 백년전쟁이 도시와 마을과 수도 공동체들을 폐허로 만들었고, 유명론唯名論과 대분열the Great Schism은 윤리와 영성에 있어 전반적인 퇴보를 초래했다. 1380년대에는 네덜란드 인근 국가들을 중심으로 **데보시오 모데르나**Devotio Moderna라는 쇄신 운동이 일어나, 이탈리아·프랑스·스페인 등지에까지 확산되었다. 그것은 대폭적인 개혁의 필요성에 대한 응답이었다. 온갖 구조와 제도들이 무너지던 시대에, 데보시오 모데르나 운동은 기도가 주는 도덕적 능력을 사용하려고 했다. 기도는 자기 수양의 한 방법이었다. 15세기 말에 이르자 정신 기도의 방법은 더 복잡

해지고 체계화되면서 세월의 흐름과 더불어 정교해졌다. 그러나 기도의 체계적인 방법이 확산되는 동안에도 관상은 여전히 영적 수행의 궁극목적으로 제시되고 있었다.

16세기가 가면서, 정신 기도는 사고가 지배적이면 추론적 묵상으로, 의지의 행위가 강조되면 정감적 기도로, 하느님의 주입된 은총이 지배적이면 관상으로 나뉘어졌다. 추론적 묵상·정감적 기도·관상은 한 시점에서 일어나는 같은 행위들이지만, 나름대로의 고유한 목표와 방법과 목적을 지닌 다른 형태의 기도들이다.

기도의 지속적인 발전에 힘입어 기도가 서로 완전히 분리된 단위체로 나뉘어지면서, 관상이란 몇몇 사람들에게 해당되는 초자연적 은총이라는 잘못된 인식이 은근히 조장되었다. 기도가 관상에로 열릴 가능성은 매우 희박한 것으로 여겨졌으며 관상은 인증된 범주들에 들어맞지 않았기에 거부되었다.

III

그리스도교 영성의 산 전통이 희미해짐과 때를 같이하여, 영성 생활에 대한 새로운 도전을 불러일으키는 르네상스가 도래했다. 사회적 환경과 종교적 제도는 더 이상 개인에게 도움을 주지 못했다. 그리스도교계에 영향을 미쳤던 이교적 요소들에 직면하여, 그리스도를 위해 세상을 재정복할 필요가 있었다. 이 무렵 사도직만을 위한 새로운 형태의 기도들이 등장한 것은 놀랄 일이 아니었다. 사도 생활에 대한 새로운 강조는 ― 특히 로욜라의 이냐시오 성인에 의해 제기된 바 ― 지금까지 수도승이나 탁발 수도자들이 전해 준 영성의 형태에 변화를 요구했음이 분명하다. 하마터면 잊혀질 뻔했던 관상의 생생한 전통을 새 시대에 합당한 형태로 접목시킨 것은 이냐시오의 비범한 재능과 관상적 경험이었다.

1522년과 1526년 사이에 씌어진 이냐시오 성인의 『영신수련』*The Spiritual Exercises*은 로마 가톨릭 교회 내 영성의 현주소를 이해하는 데 매우 중요하다. 『영신수련』은 기도의 세 방법을 제시한다. 첫 주간에 권하는 추론적 묵상은 기억·지성·의지라는 세 능력의 방법에 따라 이루어진다. 기억은 이전에 묵상 주제로 선택한 항목을 회상하는 것이다. 지성은 그 항목에서 얻고자 하는 교훈에 대해 숙고하는 것이다. 의지는 그 교훈을 실현시키기 위해 그 항목을 토대로 결심하는 것이다. 이는 우리를 삶의 전향과 쇄신으로 인도한다.

『영신수련』에서 관상이란 단어는 전통적인 의미와 다르게 쓰인다. 그것은 구체적 대상들을 상상 속에서 응시하는 것이다. 예를 들면, 복음 속의 인물들을 마치 현존하는 것처럼 보고, 그들이 말하는 것을 듣고, 또 그들의 말과 행위에 응답하는 것이다. 이것은 둘째 주간에 권하는 관상 방법으로, 정감적 기도를 목표로 삼는다.

『영신수련』에서, 기도의 셋째 방법은 오감의 사용이다. 이 방법은 묵상 주제에 오감의 활동을 지속적으로 적용함으로써 이루어지는데, 초심자에게는 주입된 관상에로 나아갈 마음을 가지게 하고, 기도에 숙련된 사람에게는 영적 감각을 계발하도록 고안되었다.

이렇듯 이냐시오는 한 가지 기도 방법만을 제시하지 않았다. 『영신수련』에서 추론적 묵상 방법을 덜 강조하는 경향은 예수회원들 사이에서 일어났다. 1574년, 예수회 총장 에버라드 머큐리안Everard Mercurian은 스페인 지역의 예수회에 오감의 적용과 정감적 기도의 실천을 금지하는 지침을 내렸다. 이러한 제재는 1578년에도 반복되었다. 그러므로 예수회의 중요한 영성 생활은 어쩔 수 없이 한 가지 기도 방법, 즉 세 능력들에 따른 묵상에 한정되었다. 더욱이 18~19세기를 지나며 이러한 추론적 묵상의 중요성은 예수회에 의해 더욱 점증되었다. 금세기까지 대부분의 영성 교본이 추론적 묵상의 도식에서 크게 벗어나지 못했다.

이러한 진척이 교회의 근·현대사에 끼친 충격을 이해하려면, 반종교개혁의 도드라진 대표자 예수회원들이 교회 내에서 발휘했던 광범위한 영향력에 주목해야 한다. 뒷날 설립된 많은 수도 공동체들은 예수회의 회

헌을 채택함으로써, 예수회가 가르치고 실천한 영성을 받아들였다. 한편, 이냐시오 자신이 아니라 덜 계몽된 그의 후계자들이 부과한 제한까지 받아들여야 했다.

이냐시오는 영성의 어떤 새로운 형태를 정립하고 싶었다. 그것은 르네상스의 새로운 세속적·개인주의적 정신, 당대의 사도적 요구에 부합하는 형태의 관상 기도에 합당한 대책이었다. 『영신수련』은 행동하는 관상가를 양성하도록 고안되었다. 예수회의 크나큰 영향력을 고려할 때, 예수회원들이 이냐시오의 본래 뜻에 맞게 『영신수련』을 따르든지, 그들의 영적 스승들 — 랄르망Lallemant, 시랭Surin, 그루Grou, 드 코사드de Caussade — 에 더 많은 주의를 기울였다면, 지금 로마 가톨릭 교회의 영적 상황은 매우 달라져 있었을 것이다.

IV

관상 기도에 대한 가톨릭 교회의 미온적 입장을 강화시키는 또 다른 사건들이 발생했다. 그중 하나는 정적주의Quietism와 관련된 논쟁이었다. 그것은 일종의 잘못된 신비주의로 1687년 인노센트 12세에 의해 단죄된 바 있다. 단죄된 그 가르침들은 절묘했다. 가르침의 핵심은, 단 한 번 하느님께 대한 사랑 행위를 결심하는 데 있었다. 이를 통해 당신은 결코 포기하지 않을 작정으로 하느님께 자신을 온전히 내드리는 것이다. 하느님께

속하려는 의지를 포기하지 않는 한 신적 합일은 보장되
므로, 기도 안에서도 기도 밖에서도 따로 해야 할 노력
은 불필요한 것으로 인식되었다. 단 한 번으로도 넉넉
한 의지와 항구한 성향으로 그것을 이루는 것 사이의
중요한 구별은 모른 척 넘어가고 말았다.

이 교의의 보다 온건한 형태가 17세기 후반 프랑스
에서 번성했고, 그것은 훗날 반半정적주의Semi-Quietism로
알려지게 된다. 루이 14세의 황실 사제 보슈에Bossuet
주교는 이 완화된 정적주의의 주요 적대자 중 한 사람
이었다. 그는 프랑스에서 이 교의를 단죄하는 데 성공
했다. 오랜 세월이 흐른 지금, 그가 얼마나 그 가르침
을 과장했는지를 재현하는 것은 사실 어렵다. 어쨌든
그 논쟁은 전통적 신비주의를 더 지독한 악평에 휩쓸리
게 했다. 그때부터 신학교와 수도 공동체는 신비주의에
관한 독서에 대해 난색을 표명하지 않을 수 없었다. 앙
리 브레몽Henri Bremond의 『프랑스 종교 사상 문헌사』*The
Literary History of Religious Thought in France*에 따르면, 그 후
수백 년 동안 중요한 신비주의 작품은 거의 씌어지지
않았고 옛 신비주의 저술가들은 거의 무시되었다 한다.
십자가의 성 요한의 글조차도 정적주의를 시사하는 것
으로 여겨졌다. 그래서 편찬자들은 행여 오해받을까 단
죄될까 두려워 일부 진술들을 완화시키거나 삭제해야
만 했다. 그의 미삭제 원문은 우리 시대에 와서야 비로

소 빛을 보게 되었으니, 저술 후 400년이 지난 뒤였다.

그리스도교 영성의 또 다른 방해 요소는 17세기에 영향력을 발휘했던 이단, 얀세니즘Jansenism이었다. 이 또한 결국엔 단죄되었지만, 19세기 이래 우리 시대까지 만연한 반인간적 태도의 빌미를 제공했다. 얀세니즘은 인간의 본유적 선성뿐 아니라 예수의 구원 능력의 보편성에 심각한 의문을 제기했다. 이 비관적 신심은 프랑스 혁명 당시 아일랜드와 미국 등 많은 영어권역에 이주한 프랑스 이민들 사이에 널리 유포되었다. 사제와 수도자들이 주로 건너온 프랑스와 아일랜드계에 이런 신심이 만연했으므로, 얀세니즘의 편협함은 그것의 왜곡된 금욕주의와 더불어 오늘날의 신학교와 수도원 정서에 깊이 영향을 미쳤다. 아직도 사제와 수도자들은 금욕적 수련 과정에서 그들이 받아들였던 부정적 태도의 잔재들을 떨쳐 버리려는 중이다.

현대 교회의 또 다른 불건전한 경향은 개인 신심·환시·사적 계시에 대한 지나친 강조다. 이것은 전례의 의미뿐 아니라 공동체적 가치, 훌륭한 전례가 주는 초월적 신비의 의미를 평가절하하는 결과를 초래했다. 대중들은 성인, 기적을 행하는 자, 극소수의 비범한 관상가들에게 끊임없이 존경의 눈길을 보낸다. 관상의 참된 특성이 공중 부양·성흔·비전과 같은 엄격히 우연적인 신비 현상들로 인해 모호하고 혼란스러워져 버렸다.

19세기에는 성인들이 많았지만 관상 기도에 대해 쓰거나 이야기한 이는 실로 드물었다. 동방 정교회는 영적 쇄신을 경험했지만, 로마 가톨릭 교회의 주류는 특성상 형식주의를 벗어나지 못했다. 가톨릭 교회는 중세 교회가 행사했던 정치적 영향력에 대한 향수를 지니고 있었던 것이다.

커스버트Cuthbert Butler 아빠스는 『서방 신비주의』*Western Mysticism*라는 책에서 18~19세기에 보편적으로 통용되던 가르침을 잘 요약하고 있다: "매우 특별한 소명을 제외하면, 관상 수도자·주교·사제·평신도를 아우른 모든 이들을 위한 통상적인 기도는 정해진 방법에 따른 체계적 묵상인 바, 아마 다음 넷 중 하나일 터이다: 이냐시오의 『영신수련』에 제시된 세 가지 능력들에 따른 묵상; 『영신수련』을 약간 수정한 성 알퐁소St. Alphonsus 방법; 성 프란치스코 드 살레St. Francis de Sales의 『신심 생활 입문』*An Introduction to the Devout Life*이 제시하는 방법; 성 술피스St. Sulpice 방법."

이것들은 모두 추론적 묵상 방법이다. 관상은 특이한 것으로 여겨졌고 특이 현상과 동일시되었다. 달리 말해, 일정한 거리를 두고 경배되어야 할 신비한 것, 그러나 위험하고 함정투성이로 홀로 남아 정상적인 그리스도인·사제·수도자들이 추구하지 말아야 할 어떤 것이 되어 버렸다.

관상 기도를 갈구하는 것은 겸손을 거스르는 것이라는 뻔한 결론은 전통적 가르침의 종언을 재촉했다. 그리하여 수련자와 신학생들은 영성 생활에 관한 매우 결여된 관점을 전수받게 되었다. 그것은 성서나 성전聖傳과도, 기도를 통한 성장의 통상적인 체험과도 어울리지 않았다. 성령이 추론적 묵상을 넘어 누군가를 부른 후에도 추론적 묵상에 매여 있으려 한다면, 완벽한 실패로 끝날 수밖에 없다. 정신은 동일한 주제를 다양하게 성찰함으로써 전체를 이해할 만한 한 가지 관점으로 나아가는 것이 정상이다. 그런 연후에 그저 진리를 응시하면서 쉰다. 신심 깊은 사람들은 기도할 때 자발적으로 그 과정을 밟음으로써 예의 그 부정적인 태도에 봉착했다. 그들은 추론적 묵상을 뛰어넘기를 망설였다. 관상의 위험에 관해 경고받았기 때문이다. 결국 그들은 정신 기도를 자신들에게 전혀 어울리지 않는 무엇이라 여기고 포기하든지, 아니면 넘기 힘든 장애를 무릅쓰고라도 하느님의 자비에 기대어 버틸 길을 찾았다.

어쨌든, 관상에 반대하는 종교개혁 후의 가르침은 교회의 종전 가르침과 정면으로 배치되었다. 관상이 참된 영성 생활의 정상적인 노정이며 그래서 모든 그리스도인들에게 열려 있다는 것이, 천오백 년 동안 면면히 전승되어 온 그리스도교의 참 전통이다. 이 모든 역사적·문화적 요인들은 서방교회의 전통적 영성이 어쩌

다가 최근 수세기에 걸쳐 점차 사라져 갔는지, 왜 제2차 바티칸 공의회는 영적 쇄신이라는 첨예한 문제를 다룰 수밖에 없었는지 설명해 준다.

V

최근 들어 기도의 관상적 차원이 주목받는 주된 이유는 다음 두 가지다. 첫째, 역사학적·신학적 연구들이 십자가의 성 요한이나 다른 위대한 영적 스승들의 완전한 가르침을 재발견했다. 둘째, 특히 2차 대전 후 동양에서 밀려온 영적 도전들 ─ 그리스도교 전통 속의 관상 기도 비슷한 명상법들이 급증했고, 결과도 괜찮아 대중적 명성을 획득했다. 위대한 세계종교들의 참된 가르침에 스민 가치의 진가를 인정하는 것은 중요한 일이다.[1] 동양의 영적 전통들은 고도로 진보된 심리학적 지혜를 소유하고 있기 때문에, 현존하는 사람들과 만나기 위해 그것에 관해 뭔가를 알아야 할 필요가 있다. 적지 않은 진리 탐구자들이 동양 종교를 연구하고 있으며, 대학과 대학원은 강좌를 열어 동양 스승들이 가르치고 영감을 준 명상법들을 실제로 수행하고 있다.

　신비 신학은 1896년 소드루 아빠스Abbe Saudreau의 『영성 생활의 단계』*The Degrees of the Spiritual Life*가 출판되면서

---

[1] 『제2차 바티칸 공의회 문헌』「비그리스도교와 교회의 관계에 대한 선언」참조.

부흥하기 시작했다. 그의 가르침은 십자가의 성 요한의 가르침에 터하고 있다. 후속 연구들은 그의 현명한 선택을 더욱 확인했을 뿐이다. 『사랑의 산 불꽃』*The Living Flame of Love*에는 여담이 꽤 길어지는 부분이 있는데, 거기서 성 요한은 기능적 신심에서 하느님과의 참된 영적 관계로의 변모 과정에 대해 말하고 있다.[2] 하느님께 온전히 스스로를 내주려는 이들은 모두, "매우 빨리" 관상 기도의 출발인 이런 변화의 단계로 들게 될 것이라고 그는 말했다. 그러나 "매우 빨리"라니, 얼마나 빨리? 몇 달 혹은 몇 주? 그는 아무 말도 하지 않았다. 그러나 반드시 오랜 시간 초인적 시험을 거치고, 수녀원 돌담 뒤에 갇혀야 하며, 관상을 열망하기 전에 먼저 갖가지 금욕 수행으로 자기를 죽여야 한다는 생각은 얀세니즘적 세계관의 반영이거나, 아니면 적어도, 그리스도교 전통의 부적절한 표현일 것이다.

VI

오늘날 교회는 난처한 상황에 처해 있다. 관상 기도를 배우려는 독실한 이들은 많으나, 경험적 확신을 지니고 그것에 대해 설명해 줄 사목자는 적다. 그 다양한 역사적 이유들이 앞서 그려졌거니와, 관상 기도로 인도하는

---

[2] *Living Flame*, Stanza III, 26-59.

성령의 선물을 온전히 계발할 길이 대개 신학교와 수도
생활과 본당 수준에서는 무시되어 왔기 때문이다. 진실
로 필요한 것은 전통적 가르침에 대한 광범위한 쇄신과
실제적 관상 체험이다. 특히 사제와 사목자들이 그래야
한다.

신학과 성서 연구가 지속적인 체험에 바탕하여 그리
스도교 신비에 대한 깊은 이해로 통합되지 않는다면,
설교와 다른 직무들은 누구도 감동시키지 못할 것이다.
오늘날 교회가 직면한 많은 도전 중 가장 큰 도전은 영
적 쇄신에의 도전이다. 이것 없이 다른 것들은 충족될
수 없다.

내 안에서 찾는 은총

*

토머스 클라크 SJ

지난 몇 년간 미국에서 인기를 끌었던 내적 수행 가운데 하나는 구심 기도다. 기도에 대한 최근의 다른 접근 방식들 ― 이들은 주로 선불교, 초월명상, 동양적 영성의 여타 조류들에 영향을 받았는데 ― 처럼, 구심 기도도 마음과 정신의 초점을 자아·중심·정점靜點을 향하여 안으로 맞춘다. 비추론적 성향을 띤 이러한 접근 방식은 새로운 합리적 이해보다는 차라리 모종의 고요·평화·기쁨·자유·깨달음을 제공한다.[1]

이런 수행들은 기도 같기도 하고 그렇지 않기도 하다. 그중 몇몇은 하키 게임에 이기거나 확실한 돈벌이

---

[1] Basil Pennington OCSO, "Centering Prayer – Prayer of Quiet," 3-21 참조.

를 위한 세속적 목적에 사용되기도 한다. 이 수행들은 삶에 믿음으로 응답할 때 기도가 된다. 그것들이 교의적으로 표현되는 그리스도교 신앙에 의해 뒷받침된다면 그리스도인들에게 기도는 더욱 효과를 발휘할 수 있을 것이다. 구심 기도에 관심 있는 그리스도인들이, 은총의 신비라는 맥락에서 구심 기도를 몸소 수행하고 이해하는 데 이 글이 도움 되었으면 한다. 더 구체적으로, 우리 주제는 **존재의 중심**이다. 그곳은 인간의 영과 하느님의 영이 만나는 장소이며, 그리스도인이 기도를 통해 온 실재(the whole of reality), 즉 하느님과 사람, 사람과 사물, 시간과 공간, 자연과 역사, 선과 악을 만나는 곳이다.

몇 해 전 조르주 풀레Georges Poulet는, 하느님이 중심은 어디에나 있으되 경계는 아무 데도 없는 구형球形이라는 전통적 상징에 대해 재기 넘친 연구를 했다.[2] 이 연구는 우리 논의의 실마리가 될 만한 흥미 있는 자료를 제공한다. 구형체의 내부나 표면의 어느 점이든 구球나 원의 중심을 규정하듯, 무한한 창조력과 창조지知로 하느님은 온 실재를 규정하고 낳았다. 플로티누스Plotinus는 "중심은 원의 아버지다"라고 했다. 그렇게 하느님은 우주의 실재를 창조하신 아버지다. 그분은 회전

---

2 "Deus est sphaera cuius centrum ubique, circumferentia nusquam." Georges Poulet, *Les Metamorphoses du Cercle*, Paris 1961.

하는 세계의 정점靜點이다. 어디에도 찾을 곳 없는 이 정점에 대한 경계는 그분이 낳은 실재에 대한 하느님 현존의 무한함을 상징한다. 무한소의 점(무한한 집중)과 위치를 정할 수 없는 경계(무한한 확장) ― 이러한 양태의 상징적 대비는 불가해한 방식으로 세상과 관계하시는 하느님을 암시한다 ― 때로는 그분의 피조물 가운데서 무한히, 또 피조물을 초월해서 무한히. 아우구스티누스의 표현을 빌리면: **"내 가장 깊은 곳보다 더 깊이 계신 분, 내 가장 높은 곳보다 더 높이 계신 분"**in-timius intimo meo, altius altissimo meo.

상징에서 표현된 관계는 창조지와 창조력에 의한 현존 관계다. 하느님 안에서 창조지와 창조력은 하나다. 하느님이 창조하신 우주의 모든 실재는 그분에게서 왔고, 그분에게로 향하고, 그분 안에 있다. 하느님은 늘 그분의 앎를 통해 실재에 영향력을 행사하시며, 실재에 대한 그분의 영향력을 통해 실재를 알고 계시다. 풀레는 말한다:

> 원의 중심점이 점하는 위치는 신적 지속의 일관성과 불변성뿐 아니라, 그것이 피조물의 주변적이고 변화하는 지속성과 가지는 동시적 관계의 다양성을 나타낸다. 영원성은 단순히 시간이 축으로 삼아 도는 중심점이 아니다. 그것은 원의 반지름처럼 과거와 미래의 사

건들이 수렴하여 하느님께 대한 의식으로 통합되는 바로 그 점이기도 하다.[3]

우주는 그것이 물질인 한, 시간과 공간 속에서 하느님이 정확히 아시고 주재하신다. 그러므로 그분은 시·공간의 모든 점에서 중심이자 동시에 경계로 현존하신다. 그럼에도 피조물은 알려지고 주재됨으로써 연속성과 확산이라는 특성을 잃지 않는다.

이러한 상징은 특히 르네상스 이후 역동적으로 이해되어 왔다고 풀레는 지적한다. 창조된 모든 실재는 신적 중심에서 방사radiation됨과 동시에 바로 그 중심에로 회귀한다. 우주의 기원은 그 자체의 운명이다. 그리스도교 관점에서, 창조의 방사·회귀 이미지는 강생(과 내재)에서 정점頂點을 이룬다. 거기서는 하느님이 우리에게 오심이 우리가 그분께로 되돌아감과 동일하다. 중심에서 나오고 중심에로 되돌아감이 구별되는 것은 오직 마음에 달렸다.

더 이상의 것이 있다. 인간이 하느님의 모상에 따라 창조되었는 바, 이는 하느님을 닮은 정도에 따라 위의 금언을 증명한다. 인간의 영, 즉 인격은 하느님의 모상으로 창조되었기에, 어디나 다 중심이지만 경계는 아무

---

[3] 같은 책 vii.

데도 없다고 고백할 수 있고 또 마땅히 그래야 한다. 이것은 우리가 하느님에 관해 하는 말 전부가 곧 인간에 관해 하는 말이라는 뜻이다. 인간이 있는 곳이면 어디나, 어떤 무한성을 가진 지식과 능력의 구형체가 있다. 그것은 피조물 전체와 창조자와 신적 중심과 그분 자신과의 무한한 관계들을, 집중하거나 확산하면서, 가질 능력이 있다.

조르다노 브루노Giordano Bruno는 "영혼은 일종의 중심이다"라고 했는데, 여기에 풀레는 이렇게 덧붙인다: "신비가들이 믿듯이, 그것은 하나의 중심이다. 하느님이 몸소 택한 거처가 그 안에 있기 때문만이 아니라, 이 하느님의 거처가 모든 우주 현상의 수렴점이기도 하기 때문이다."[4] 그는 이어서, 이곳은 **어디나** 될 수 있다고 했다. 우주 안에서 영혼이 있는 곳이면 어디나, 만물과 하느님과의 관계를 조망하고 이어 주는 중심이 된다.

현대인에게 이런 식의 영적 성찰은 바로 매력을 불러일으키지만 쉽사리 도달할 경지는 넘어서 있다. 그 속에는 추상의 형이상학적·수학적 양태들이 영성에 자양분을 주기 위해 결합되어 있다. 우리는 주체성의 자식이라, 고·중세인들의 그것과는 판이하게 다른 삶의

---

[4] 같은 책 xxii.

체험에 공명하는 전통적 상징까지 탐구할 필요가 있다. 중심을 향한 우리의 여정과 머묾은 여전히 매혹적인 상징으로 남아 있지만, 그것을 기술하는 언어는 우리 조상들의 언어와 같지 않다.

현대 그리스도인으로서 내가 존재의 중심으로 향하는 여정에 관심을 가질 때, 신앙은 내게 이렇게 말한다: 이 중심은 인간으로서의 나 자신, 바로 나이기도 한 하느님의 모상이자 하느님의 자아, 즉 성령이다. 나 자신이 자아가 되도록 명백히 주어진 성령, 성부와 성자의 자아를 내게 줌으로써 나에게 나 자신을 (되돌려) 주는 성령이다. 창조자와 피조물을 범신론적으로 동일시하지 않으며, 하느님이 자아를 내주심이 온전한 선물이며 은총임을 부정하지 않고, 나는 그리스도인으로서 (확신에 따라 행동하고 기도하는 그리스도인으로서) 내 영 안에 살아 계시는 성령, 신적 자아를 내 인간적 자아에 자가수분하여 내 중심이 초월적인 중심이 되는 성령의 심오한 신비를 확신한다.

이 신비는, 창조되었든 아니 되었든, 앎에서나 능력에서나, 온 실재를 포괄할 수 있는 하느님의 모상으로서의 내 본유적 능력이, 무한한 중심과 무한한 구형의 경계가 되어, 신적 중심으로 들어옴으로써 회복되고 변모되었다는 것을 의미한다. 존재의 중심에로 여행길을 나서면, 하느님을 포함하여 모든 것에 현존하여 접할 수 있는 그곳에 내가 있다. 이 점, 좀 더 숙고해 보자.

첫째, 내가 내 중심에 있을 때 나는 자신의 **개인사**
속에서 존재한다. 생리학자와 심리학자는 오늘의 내가
어떻게 내 존재의 매 순간에서 형성된 바로 그 자아일
수 있는지를 말해 준다. 어느 한 밤에 사랑을 나누었던
부모에 의해 나는 잉태되었고, 그들은 사랑으로 내 존
재를 낳았다. 그때부터 나는 존재했고 자아가 되었고
주체가 되었고 개인이 되었다. 나는 무수한 것들의 영
향을 받아 형성되었다. 내가 내 중심에서 나 자신으로
존재할 때, 그 모든 것들이 내게 현존하고 있다. 내 삶
의 여정을 마감할 5주간의 와병, 아홉 살에 어머니를
여읜 충격, 젊은 날의 성공과 실패, 그 밖의 모든 것들
이, 해마다 햇빛과 비바람으로 나이테가 생기고 지진계
에 지진이 기록되듯, 그렇게 내 안에 기록되어 있다.
내가 어느 정도로 나 자신의 중심에 있는가에 따라 신
적 자아는 "나 되기"의 역사를 내게 넘겨준다. 그 역사
가 바로 나의 역사다.

마찬가지로, 나는 공간적으로 내 인간성의 연속적인
단계로 확장됨으로써 내 중심에 현존한다. 골수로부터
머리카락과 피부에 이르기까지, 가장 깊은 무의식으로
부터 감각지感覺知에 이르기까지, 나를 꿰뚫어 알고 형
성시키는 성령은, 봉사하고 소박한 소망을 마음에 간직
하라 내게 이른다. 나라는 멋진 실재는 대개 내가 중심

에 있을 때 멋진 것으로 체험된다. 이곳이 바로 내가
나의 다양한 재능과 풍요롭게 접촉할 수 있는 곳이다.
예를 들면, 내가 신약성서 원전을 읽을 만큼 그리스어
에 능하고, 단어의 정확한 의미를 사전에서 찾아볼 수
있을 만큼 히브리어를 충분히 알고 있다는 사실이, 고
맙게도 하느님과 함께하는 내 삶의 실재 속에로 들어올
수 있는 바로 그곳이다. 내가 곧 중심인 경지에 이르
면, 나는 다년간의 교육 과정이 부여한 나의 창작 능력
을 신성한 내면의 어느 장소에서 만나고 향유한다. 그
곳에서 그것은 우상처럼 숭배되는 것이 아니라 이콘처
럼 마음에 간직된다.

중심은 또 나의 행위·태도·선택·깨달음, 그리고
나의 도덕적·영적·종교적 삶을 구성하는 응답들을
가장 창조적으로 만날 수 있는 곳이다. "의식 분석"은
그것이 중심에서 일어나는 정도에 따라 치유하고 재형
성하고 강화하는 역할을 한다. 세속적 투쟁에서 나를
이끌어 내어 인간답고 인내롭게 살도록 예수 그리스도
의 모상으로 나를 개조하는 것 말고는 다른 진흙이 필
요 없는 예술가가 사는 곳도 바로 이곳이다.

나는 하나의 단자가 아니라 세포이기 때문에, 중심을
향한 여정은 다른 사람·다른 세포·다른 중심들을 발
견하려고 내가 걸어가는 길이다. 사람과 사람 사이의
관계에 관해 구심 기도가 제시하는 비전은 엄청나다.

이 점을 좀 더 언급하면 구심 기도가 자기중심적·자기 도취적 프로젝트라는 반론을 무마시키는 데 도움이 될 것이다. 자신을 사랑함이 남을 사랑함의 근본이듯이, 나 자신의 중심에, 내 가장 깊은 자아와 신적 중심의 연결 고리에 있다는 것은 타인과의 친교 한가운데 있다는 것을 뜻한다. 그들은 누구며, 중심에서 내가 그들과 더불어 있다는 것의 의미는 무엇인가?

특별한 의미에서 그들은 내가 사랑하는 사람이라 여기는 이들이다. 부모, 형제, 가족, 예수회원과 다른 수도자들, 내가 더 가까이 아는 이들이다. 가령, 오래 전 부모님이 얼마나 서로를, 나를, 나의 형제들을 사랑했는지 기억한다거나, 타국의 지인과 친교를 맺는 데서 영적 자양분을 얻는다.

이런 친밀한 관계 외에도, 스쳐 지나친 인연이나마 개인적으로 내 삶을 건드린 많은 사람들이 있다. 몇 년 전 내 종기를 고쳐 준 의사, 내 학창 시절의 이상한 과학 선생님, 편지를 주고받았던 낯모를 얼굴들. 다소 우연한 기회에 내가 만날 특권을 누렸던 몇몇 유명 인사들 ― (고등학교 때 처음 만난) 도로시 데이, (5년 전에 만났던) 마더 데레사 그리고 칼 라너. 그리고 옛 수련자 묘지에 묻힌 떼이야르 드 샤르댕의 무덤을 몇 번 찾아간 적도 있다. 이 모두는 "그대가 나에게 주신 이들"(요한 17,11)에 속한다. 그리고 심판 날에 나는 이런 은혜의 축적에 어떤 식으로든 보답하고 싶다. 그들 역시 일생을 통하여 중심에서 만나게 될 것이다.

내가 동료 순례자라고 부르는 이들의 범위를 넘어, 이 순간 같은 하늘을 이고 사는 40억 동시대인들이 있다. 나는 TV를 통해 그 면면들을 보거나, 공항에서 스쳐 지나가기도 하고, 버스나 기차 안에서 그들 옆에 앉기도 한다. 그럼에도 우리 모두는 한 어머니인 지구의 품속에서 다르게 성장하고 있다. 우리는 똑같은 컴퓨터의 통계 자료 속에서 더불어 살아간다. 누군가는 내가 드리는 매일 미사의 곡식과 포도를 수확한다. 그들 가운데 몇몇은 이미 죽었거나 죽어 가고 있다. 현대 정치·경제적 환경의 어두운 지배 세력들이 목숨을 걸고 내게 필요한 것 이상을 제공하기 때문이다. 그들이 누구든지 간에, 나와 그들 관계의 비극적 측면이 무엇이든 간에, 내가 그들과 가장 가까이 접촉하는 곳은 바로 그 중심이다.

거기에는 인류 선대의 긴 행렬이 있다. 중심은 인류가 지속되어 온 모든 순간에 동시에 현존하는 점이기 때문에, 인류의 기원으로 거슬러 올라가면 거기서 유명인과 무명인, 성인과 죄인들을 다 만날 수 있다. 가령 10세기 말 북유럽 어느 곳에서, 한 남녀가 아름답거나 쓸쓸한, 혹은 격한 모습으로 만났다. 그들의 결합은 삶의 사슬에서 하나의 고리를 형성하여 결국 내게까지 다가온다. 그들은 누구며, 그리고 무엇이 그들과 나를 이어 주는가? 그것은 오직 중심에서만 알 수 있다.

유명·무명의 증거자와 성인들이 무수히 많다. 그들은 더 깊은 그들의 중심에 현존함으로써 나를 포함하는 모든 순례자의 중심에 현존한다. 나는 그들 중 몇몇 이름을 간직하고 있다. 내가 특정한 인종적·국가적·종교적 유산을 공유하고 있다는 사실 때문에, 그리고 하느님께서 그들로 하여금 내 여정의 어느 시점에서 날 만나게 하셨기 때문에, 나는 다른 이들과 특별한 유대감을 가지고 있다. 특히 경이로운 것은 나자렛의 마리아라는 한 여인이 나와 수많은 사람들이 공유하는 중심의 일부가 된 경위다.

내가 중심에서 발견한 인간적 현존이 다른 무엇보다도 예수 그 자신이라는 것과, 그분 자신의 순례 여정의 이야기 속에 있다는 것은 새삼 말할 필요가 없다. 그러나 내가 중심에 있을 때 모든 세세한 부분에까지 적용할 만한 참된 의미는, 내가 통상적인 경로로 들은 이야기에서는 찾아보기 어렵다. 이는 모든 인간관계에 있어 사실이다. 사랑하는 이의 인생사를 속속들이 알기 전에조차 우리는 사랑하는 이에게 지배력를 행사함으로써 그를 통제한다. 우리가 우리의 역사를 꾸려 나가듯, 그들은 그들의 역사를 그들 나름대로 꾸려 나갈 뿐이다. 그러므로 중심에서 일어나는 것은 이 두 개인사 — 예수의 역사와 나의 역사 — 의 융합과 공유다. 지금 부활하신 주님인 그분의 존재는 그분 영광의 드러나지 않음 안에서 드러나고, 나와 그분이 중심에서 교류하는 데 어떤 이원론도 끌어들이지 않는다. 우리가 어느 지속 과정 중에도 동시적으로 존재하는 중심점에 있기 때문에, 역사상의 예수와 신앙의 그리스도는 이 개인적 만남 속에서 하나인 것이다.

마지막으로, 중심에서 나는 예수를 통해 성부·성자·성령인 하느님을 향해 있다. 무한 영역에 대한 중세의 상징이 삼위일체적 해석을 수용했음은 흥미로운 일이다. 그에 따르면 성자와 성령은 발열점에서 파장이 번지듯 성부에서 온 것으로 그려졌다. 어떻게 삼위일체 하느님을 중심에서 만날지에 대해서는, 물론 다양한 신학적 고찰 방법이 있다. 에밀 메르쉬Emile Mersch 등의 그리스도 중심적 관점이라면 말씀의 인간성을 묵상하는 데 관해 언급할 것이다. 말하자면 우리는 성자를 통해서, 진실로 교회인 그분의 몸을 통해서 성부와 성령과 관계를 맺는다. 또 다른 신학은 삼위일체적 삶으로 들어가는 "입구"를 성자 아닌 성령으로 설정할 수도 있겠다. 이런 신학적 정교함이 특히 지적 혹은 상상적 묵상 형태 없이 일어나는 중심에서의 삼위일체 현존 정도에 다소 차이를 일으킨다. 핵심은, 내가 내 행위의 생명성, 내 증거의 모범, 내 존재의 심오한 원천을 발견

하는 곳이 바로 중심이라는 사실이며, 그곳에 성부·성
자·성령이 있다.

우리는 중심에서 온 실재를 발견할 가능성들에 대해
충분히 연구하지 않았다. 일어날 수 있는 다른 만남들
에 대해 자세히 설명할 여력도 없었다. 그러나 아래의
요약은 중심에로의 여행 방법을 아는 사람들에게 풍성
한 도움을 줄 것이다.

1. 인류 통사, 세대를 거듭하며 이어지는 발전, 문
화·문명의 생성과 소멸. 개인의 삶에서, 오늘날 인류
와 교회의 투쟁에서, 그리고 우리 존재의 중심에서 인
류사의 흐름과 접함으로써 얻을 수 있는 관점들이란!

2. 인류 최초의 부싯돌이 불꽃을 튀긴 순간부터 최첨
단 컴퓨터 개발에 이르기까지, 선사시대의 동굴 벽화로
부터 최근의 피카소에 이르기까지, 인류사를 통해 발전
되어 온 다양한 문화·예술·과학·기술의 풍요로움.
인류 노작의 역사에 결정화結晶化된 채 창조의 영광을
드러내는 작은 증거들을 우리는 박물관에 간직하고 있
다. 그러나 역사적 유산, 과거의 보물들은 인류의 가장
깊은 마음속, 즉 중심으로 들어올 때만 인류의 미래를
창출하는 데 온전히 활용될 수 있다. 사실, 중심에로
여행하는 습관만이 우리의 유산을 모독하지 않을 유일
한 방법이다. 가령, 17세기의 일부 부유층과 교양인들
만을 위한 바흐와 베토벤의 음악을, 수많은 평범한 현

대인들이 향유하는 그 음악과 활용도 면에서 비교해 보라. 광범위한 확산에 비례해서 우리가 더 부유해질 거라고 속단하지는 말자. 예컨대 바흐와 베토벤의 곡들이 작업과 여흥의 배경 음악으로 쓰이거나 모나리자가 상업적으로 이용될 때 그렇듯이, 쉽게 접할 수 있다는 사실이 오히려 그것을 시시하게 만들 위험도 있다. 우리 마음속에 예술적 유산이 가장 소중하게 간직되는 경우는, 그것이 중심을 향한 우리의 여정 속으로 들어올 때인 것 같다.

3. 신앙의 신학적 이해, 혹은 신앙의 빛 안에서의 삶을 신학적으로 이해하기. 신학이 인간 담론의 피상적인 차원으로 향하는 것은, 전문적이든 대중적이든 충분히 신학화되지 못했음을 의미한다. 신학을 중심으로 가져온다는 것은 직물의 본래적 아름다움을 복구하거나 변모시킬 염색액에 천을 담그는 것과 같다. 신학은 교회의 큰 학자들이 신비에 대해 끊임없이 숙고했던 그 장소다. 중심의 고요 속에서 생성되는 단계에서만 신학은 교회를 살찌울 자양분이 될 것이다.

4. 전례 예식. 수십 년 전 자크 마리탱Jacques Maritain 과 몇몇 사람들은 전례와 관상에 관한 격렬한 논쟁에 휘말린 적이 있었는데, 이러한 관심은 앞으로도 지속될 필요가 있다. 전례 예식 중에 중심에 있다 함은 감각과 감성이 예식 행위와 무관함을 의미하지는 않는다. 오히

려, 정점靜點에 있을수록 동료 예배자들과 더불어 더 깊이 참여하고 친교를 맺을 수 있다. 내면을 향한 여정은 떠남을 통해서가 아니라 내면화를 통해서 가능하다.

여기서, 내가 삶의 가장 근본적인 측면을 분석 목적으로 고려 대상에서 제외시켰음을 짚고 넘어가자. 그것은 바로 죄와 죄에서의 해방이다. 하지만 중심을 향한 여정은 낙원에서가 아니라 어둠과 빛, 죽음과 생명의 세계에서 이루어진다. 이 세계에서 하느님은 적대 세력과 투쟁하며 그들을 정복하거니와, 그 신비가 실로 위대하다. 여기서 우리 주제의 이런 면을 더 발전시킬 여력은 없지만, 그것이 중심에의 여정에 얼마나 큰 영향을 미칠지, 또 거기서 어떤 일이 일어날지는 분명하다. 은총과 죄는 상관적이라, 신적 중심에 대한 우리 체험이 깊어질수록 세속 악에 대한 체험도 따라 깊어질 것이다.

정의 · 평화 · 빈곤에 대한 최근의 관심들을 훑어보면서 이 문제를 분명히 거론할 필요가 있다. 중심에로 향함이 평화 · 정의 그 밖의 다른 가치들을 위한 인간의 투쟁을 백안시하거나, 심지어 그런 무관심과 조화를 이룰 수 있다고 생각하는 것은 중심이 가지는 상징의 의미를 왜곡하는 것일지도 모른다. 사실 관상의 질과 집중도는 정의와 평화를 추구하는 우리 행위의 질과 집중도에 비례하고 그 역도 마찬가지다. 중심에로의 여정에 대한 거부나 무능이 형제자매에 대한 배반이라는 사실을 알기에는 인간 존엄성을 위한 투쟁에 현대 교회가 참여하는 극단적 양상 속으로 우리가 너무 멀리 들어와 있다. 그 반대 또한 사실이다. 그럴싸해 보이기만 하고 동정심과 정의의 열매를 맺지 못하는 중심에로의 여정은 아모스와 이사야 그리고 예수 자신이 고발한 일종의 비정상적 방황과 위선으로 드러날 수 있다.

이제 이러한 다소 이론적인 고찰일랑 접어 두고, 중심에의 여정이 기도를 통해 이루어지는 방법에 대해 말할 때가 되었다. 여기서 지금까지의 고찰을 다음과 같이 요약해 보자.

나는 이렇게 말했다: 우리 인간존재의 중심은, 하느님 모상으로 창조되어 모든 실재를 근본적으로 포괄할 수 있는 우리의 개성이, 내재하는 성령으로서의 하느님 자신과 내밀하게 결합되어 있는 바로 그 지점이며, 속성과 능력 면에서 어디에나 중심은 있으되 경계는 아무 곳에도 없는 구형체로 변형되는 그 지점이다. 둘째, 중심에 있다 함은 세속적 삶의 근간을 이루는 투쟁, 즉 어둠의 세력과 빛의 세력 간의 투쟁으로부터의 이탈이 아니라, 오히려 그 투쟁에 더욱 강도 높게 참여한다는 것을 뜻한다. 그것은 죄 많은 내가 더욱 깊숙이 참여하기 위한 일종의 치유 과정이다. 셋째로 나는, 이 중심에서 어울리는 모습으로 있음으로써 우리가 어떻게 온

실재 ― 창조되었든 신적이든 ― 와 가장 깊게 닿을 수 있는지 그려 보고자 했다.

이제 나는 묻는다. 우리는 어떻게 중심에로 여행하는가? 그리고 거기서 이루어지는 행위는 어떤 것인가? 이 질문은 기도, 기도에의 접근, 기도 방법 등과 관련되어 있다. 나의 일반적인 첫 대답은 이러하다: 여행은 걸음으로써 이루어지고, 여행자에 따라 여정이 각기 다르며, 같은 사람이라도 때에 따라서 다른 길을 간다.

어둠의 길은 이 글 모두冒頭에서 언급된 구심 기도가 따르는 길이다. 이것은 보통 침묵 가운데 좋아하는 한 가지 기도 단어를 고요히 반복하는 방법으로, 중심의 고요한 현존에로 이끌려는 목적으로 빈번히 사용된다. 이 방법은 『무지의 구름』의 핵심 이미지와 닮은 점이 많다. 『무지의 구름』에서 기도하는 사람은 단순한 마음을 지니고, 아래로는 (피조물의) 망각의 구름과, 위로는 (창조주의) 미지의 구름 사이에 위치한다. 이미지는 약간 다를지라도, 구심 기도 또한 근본적으로는 동일한 성격을 띤다. 확실한 침묵과 확실한 어둠은 중심에 현존하는 양상이다. 하느님 말씀은 드러나게 전달되는 것이 아니며, 또렷또렷하게 들리거나 느껴지는 것이 아니다. 피조물들의 현실도 이와 마찬가지다. 예를 들어, 병상에 누운 친구를 걱정하거나, 내가 감사해 마지않는 어린 시절의 체험을 회상하거나, 혹은 내 사목적 관심의 일부인 현대 생활의 양상에 초점을 맞추면서 이러한 수행을 했다면, 여기서 특징적인 것은 것은 그것들을 **떠나보내야 한다는 것**이다. 어떤 식으로도 나는 그런 것들을 생각하거나 상상해서는 안 된다. 특히 걱정 근심으로 인해 그것들이 명백히 드러나면, 나는 조용히 이 사실을 깨달은 후 역시 조용하게 그것들을 떠나보내야 한다. 그것들이 무엇이든, 참된 중심과 나의 중심이 만남으로써 "사라져 버렸기" 때문에 오히려 나에게 더 깊이 현존하게 된다는 것은 놀랍고도 역설적이다. 이러한 형태의 기도 중에 참된 중심에는 객관적으로 주의가 기울여지지 않는다. 이 모든 것은 중심을 향한 여정의 가장 풍요로운 첫 방법을 기술함으로써 언급될 필요가 있고 또 그럴 수 있을 것이다.

삶의 특정한 시점에서 행해지는 기도의 구체적인 수행에 과연 의문이 없는지에 대해 끝으로 한마디 해야겠다. 형식적 기도와 실제적(습관적) 기도의 전통적 구별은 여기서도 유효하다. 중심으로의 특수한 수행이 편안함을 불러일으키고 질적인 성장을 드러내게 되리라는 희망이 있다. 참된 중심에서의 매일의 체험은 그렇게 일어나는 것이다. 우리가 만났던 모든 사람들에게 이것이 놀라울 정도로 맞아떨어지는 것 같다. 그리고 우리는 기도하는 가운데 예수 그리스도를 만났다. 그분을 통해 우리는 이것이 성부·성자·성령과 더불어 영원

히 나누는 존재의 양상이라는 것을 알게 되었다. **어디
든** 중심이 될 수 있다는 전통적 탁견은 궁극적으로 신
앙의 확신 위에서 성립한다. 그것은 우리 모습을 비추
는 참된 중심이 모든 곳에 있으되 결국 아무 곳에도 있
지 않다는 확신이다.

구심 기도의 요점

하느님은 그대 존재의 중심에 살아 계시다: 성부·성자·성령. 구심 기도는 그분의 현존을 체험하게 하고, 그분을 만나게 하고, 그대를 변화시킨다.

그냥 앉아서 긴장을 풀고, 자신의 내적 고요와 침묵을 즐기며 편안히 있으라. 잠시 동안 그분의 현존에 귀 기울이고, 자신을 열어 그것에 이르도록 하라.

잠시 후에 단순히 한 단어를 떠올려라: 예수, 주님, 사랑, 혹은 그분의 내적 현존에 그대의 응답을 사로잡는 한 단어. 마치 그대가 더욱더 깊이 그분 안으로 들어가는 것과 같이, 이 단어 안에 그대의 모든 신앙과 사랑을 들여놓아라. 천천히 자연스럽게 그 단어를 반복하라. 그것이 그대 존재의 중심에서 하느님의 현존으로 그대를 더욱더 깊게 안내하도록 하라. 그대 존재의 중심에서 그대는 하느님 안에 있고, 하느님은 그대 안에 계시다. 그분께서 다시 채워 주시고 다시 창조해 주심에 온전히 내맡겨라.

평화롭게 그대의 모든 재능들을 떠나보내고, 흠숭·사랑·찬미의 완전한 기도 속으로 그분이 그대를 이끌어 가도록 모든 주의와 소망을 그분께 집중하라. 그리고 어떤 사념이나 영상이 떠오를 때마다 단순히 그 단어로 되돌아가라.

기도를 마칠 때, 서서히 고요한 깨달음에 들면, "주님의 기도"와 같은 의식적·내적 기도로 단어와 뜻을 음미하면서 들어가라.

구심 기도는 20분 혹은 그 이상 매일 한두 번 실행하라.

그대가 이 기도를 충실히 한다면, 그대는 곧 삶에서 성령의 열매인 사랑·기쁨·평화·인내·온유·친절이 완성됨을 보게 될 것이다.

그대는 진실로 그분 안에 살게 될 것이고 그분은 그대 안에 살게 될 것이다.

오늘날 관상에 대한 관심이 어느 때보다 높아지고 있
다. 사실 관상으로의 초대는 모든 그리스도인들에게 개
방되어 있었음에도 불구하고, 교회 영성사 안에서 특별
하고 비범한 극소수의 사람들에게만 허락된 것으로 잘
못 인식되어 왔다. 오늘날 관상의 중요성이 재인식되어
그에 대한 다양한 접근이 시도되고 있음은 다행한 일이
라 하겠다. 그 구체적인 방법의 하나인 구심 기도Cente-
ring Prayer는 사람들을 단순하면서도 쉽게 관상으로 초대
하고 있다. 이 관상 기도 운동은 1970년대 미국 매사
추세츠 주의 트라피스트 수도원인 성 요셉 수도원St. Jo-
seph's Abbey의 수도승들에 의해 널리 보급되어 알려지게
되었다. 즉, 토머스 키팅 아빠스, 바실 페닝튼 아빠스

그리고 윌리엄 메닝거 신부에 의해 체계화되어 전 세계
로 퍼지게 되었다. 여기 소개되는 글들은 참된 관상에
이르는 길을 쉽고 단순하게 제시하고 있는 바, 구심 기
도의 전반적인 윤곽을 이해하는 데 큰 도움이 될 것이
다. 부디 영적으로 목마른 사람들에게 이 글들이, 관상
기도를 이해하는 데 작은 도움이나마 되기를 바란다.

2003년 가을
성 베네딕도회 왜관 수도원
허성준 가브리엘 신부